AF190151

Titelbild links:
Friedrich Wilhelm Raiffeisen und seine Tochter Amalie, Andrzej Kolpanowicz, Krakau, Öl auf Leinwand, 50 x 60 cm, Privatbesitz

Titelbild rechts:
Links in zivil der letzte Verbandsdirektor der Raiffeisen-Organisation, Magnus Freiherr von Braun, als Reichslandwirtschaftsminister u. a. mit Major Pabst (Dritter von rechts), der die Ermordung Rosa Luxemburgs und Karl Liebknechts veranlasst hatte; beide mit anderen Ehrengästen auf dem "Reichsfrontsoldatentag" des "Stahlhelm" 1932 in Berlin.

© akg-images

Wilhelm Kaltenborn

Raiffeisen

Anfang und Ende

Bibliografische Information der Deutschen Nationalbibliothek:

Die Deutsche Nationalbibliothek verzeichnet diese Publikation in der Deutschen Nationalbibliografie; detaillierte bibliografische Daten sind im Internet über http://dnb.dnb.de abrufbar.

© 2018 Wilhelm Kaltenborn

Herausgeber: Zentralkonsum eG
　　　　　　 Neue Grünstraße 18
　　　　　　 10179 Berlin
　　　　　　 Tel.: 030 - 275 84 - 0
　　　　　　 www.zentralkonsum.de

Titelbild:　 rechts: © akg-images
　　　　　　 links:　 © Hans-Georg Holzhauer

Herstellung und Verlag: BoD – Books on Demand, Norderstedt

ISBN: 978-3-7460-6299-0

Inhaltsverzeichnis

Vorbemerkungen

Friedrich Wilhelm Raiffeisens zweihundertster Geburtstag ist Anlass dieser Arbeit – oder, um genauer zu sein: Anlass ist die mit Sicherheit zu erwartende Verklärung, der er ausgesetzt sein wird, und die höchstwahrscheinlich mit der realen Person Raiffeisen, mit seinem Werk, seinen Intentionen, seiner Hinterlassenschaft sehr wenig zu tun haben dürfte. So bin ich ziemlich sicher, dass sein Antisemitismus, sein christlicher Fundamentalismus, sein paternalistisches Gesellschaftsverständnis keine Erwähnungen finden dürften. Nun zeigte das landwirtschaftliche Genossenschaftswesen diese Symptome nach 1945 kaum in anderen Quantitäten als der Rest der deutschen Gesellschaft. Umso unverständlicher ist es, dass die Organisationen, die heute noch seinen Namen tragen, also vor allem der Deutsche Raiffeisenverband und die Deutsche Friedrich-Wilhelm-Raiffeisen-Gesellschaft, sich immer noch nicht bemühen, endlich einen umfassenderen, einen realistischen Raiffeisen zu präsentieren.

Um keine zu hohen Erwartungen aufkommen zu lassen: Ein vollständiger Raiffeisen wird auch von mir nicht dargestellt. Vielmehr wird sein vorherrschendes Bild gegen den Strich gebürstet. Ich hatte dazu schon einmal angesetzt, in einer 2014 unter dem Titel „Schein und Wirklichkeit" erschienenen kritischen Auseinandersetzung mit dem real existierenden deutschen Genossenschaftswesen. Damals bin ich auf seinen Antisemitismus gestoßen, für mich sehr überraschend, weil er – Raiffeisens Antisemitismus – stets verschwiegen wurde, von einer (einzigen – soweit ich sehe) kurzen und zugleich exkulpierenden Erwähnung abgesehen. In der Vorbereitung für diese Arbeit habe ich dann noch einige weitere Überraschungen erlebt, die vor allem die fragwürdige Originalität Raiffeisens und der Weg und das Ende seiner Organisation verursacht haben. Vermutlich ist das Erstaunen über manche Erkenntnisse, die ich aus den Quellen gewinnen musste, einigen meiner Formulierungen noch anzumerken.

Zum Stichwort Quellen: Raiffeisens Nachlass und das Archiv seiner Organisation sind, wie Heinrich Richter und später auch noch Walter Koch darlegen, teils im Zweiten Weltkrieg vernichtet, teils aufgrund der wirren Verhältnisse nach dem Krieg bisher unauffindbar geblieben. Die Familienkorrespondenz hat Raiffeisens Tochter Amalie vernichtet. Von Raiffeisens Veröffentlichungen hoffe ich alle (bis auf die 3. Auflage seines Buches und möglicherweise den einen oder anderen Sonderdruck von Vorträgen) durchgesehen zu haben. Besonders ergiebig war seine Zeitschrift, das „Landwirthschaftliche Genossenschafts-Blatt", seit 1879 erschienen, die offensichtlich zumindest in den letzten Jahrzehnten nirgends in den Veröffentlichungen über Raiffeisen berücksichtigt worden ist. Hier finden sich auch seine längeren antisemitischen Ausführungen. In der wohl materialreichsten wissenschaftlichen Arbeit über ihn, die Dissertation von Heinrich Richter von 1966, belegt der Autor, dass auch die namentlich nicht (auch mit Kürzel nicht) gezeichneten Beiträge in der Zeitschrift von Raiffeisen selbst stammen.

Ich habe versucht, die historischen Zusammenhänge, in den Raiffeisen selbst und später seine Organisation sich bewegt haben, wenigstens in Stichworten zu benennen. Dazu gehören auch knappe Hinweise auf die Entwicklungen in der Landwirtschaft und die Charakteristika der ländlichen Gesellschaft. Ferner habe ich wenigstens die wichtigen zeitgenössischen Darstellungen zu Raiffeisen selbst (vor allem die ersten, noch aus Quellen schöpfenden Biografien) als auch zum ländlichen Genossenschaftswesen herangezogen. Für die Zeit der Weimarer Republik waren für mich die gedruckten Quellen der Raiffeisenorganisation (Verbandszeitschrift, Geschäftsberichte, Sonderdrucke usw.) maßgeblich.

Ein Wort zu Helmut Faust, der in drei Auflagen (1958 – 1977) das einzige umfangreiche Werk zur Genossenschaftsgeschichte veröffentlicht hat. Es hat ohne Zweifel Mängel, zunächst den, dass bei Faust sich die Geschichte der Genossenschaften auf die Geschichte ihrer Verbände, vor allem aber auf die Wirkungsgeschichte tatsächlich oder vermeintlich großer Männer beschränkt. Für Faust gilt: „Männer machen Geschichte!" Frauen gab es in der Genossenschaftsgeschichte eh nicht, allenfalls in solch dienender Rolle, wie sie Raiffeisens Tochter Amalie wahrgenommen hat. Ökonomische Zusammenhänge und Entwicklungen finden bei Faust auch nicht statt; Zahlen liefert er nicht. Vor allem schlägt er große Bögen (da, wo es spannend wird) um die nationalsozialistische Zeit. Erfrischend sind dagegen sein Engagement und seine Fähigkeit, Positionen zu beziehen. Zahlreiche Fakten habe ich ihm jedenfalls entnommen. Faust bekennt sich auch hinreichend überzeugend zum demokratischen Charakter – oder sagen wir besser: zum demokratisch sein sollenden Charakter von Genossenschaften, so etwa, wenn er dem großen Organisator ländlicher Genossenschaften Wilhelm Haas bescheinigt, er habe den demokratischen Aufbau der Genossenschaften mit besonderem Nachdruck gefördert, immerhin ein Ansatz, der bei Raiffeisen völlig fehlt.

Es wäre jedenfalls begrüßenswert, wenn das Raiffeisen-Jahr 2018 dazu führen würde, Wilhelm Haas aus der Abstellkammer der genossenschaftlichen Geschichte wieder ans Tageslicht zu bringen.

Teil A: Der Anfang

1. Die äußere Welt um Raiffeisen

a) Die politische und gesellschaftliche Entwicklung seiner Zeit [1]

Zunächst sollen die politischen und gesellschaftlichen Zustände und Entwicklungen der Zeit Raiffeisens in wenigen Stichworten vergegenwärtigt werden. Drei Jahre vor seiner Geburt beendete der Wiener Kongress seine Tätigkeit (und seine berühmt-berüchtigten Festlichkeiten). Er hatte Europa nach den Revolutions- und napoleonischen Kriegen neu geordnet. Seitdem gehörte Raiffeisens engere Heimat zu Preußen. Der Kongress hatte ein Deutschland hinterlassen, das aus drei Dutzend einzelnen souveränen Staaten bestand, die in einem losen „Deutschen Bund" zusammengefasst waren. Er hatte keine politisch entscheidungsfähige Spitze, keine Finanzhoheit, verfügte über keine militärische Macht. Er war gelähmt durch den Dualismus der beiden ihm angehörenden europäischen Großmächte Österreich und Preußen. Nur wenige dieser deutschen Staaten kannten politische Freiheiten und auch die nur höchst eingeschränkt.

Im wachsenden Bürgertum wuchs nun aber das Begehren nach mehr Möglichkeiten politischer Teilhabe, vor allem aber nach einem einigen Deutschland. Aber alle diese Regungen, die sich immer wieder Bahn brachen – zum Beispiel 1832 im Hambacher Fest –, wurden polizeistaatlich unterdrückt. Bis dann im europäischen Revolutionsjahr 1848 zunächst das bürgerliche Verlangen nach politischen Reformen und deutscher Einheit auf der Siegerseite zu sein schien. Überall in Europa wackelten die Fürstenthrone. In diesem Jahr erwachte übrigens auch der politische Mensch in dem Juristen Hermann Schulze im preußischen Delitzsch. Ab nun kämpfte er als entschiedener Demokrat für das allgemeine Wahlrecht, für Pressefreiheit, gründete Arbeitervereine, Wirtschaftsgenossenschaften, beteiligte sich an den Gründungen von Gewerkschaften, der linksliberalen Fortschrittspartei, des deutschen Nationalvereins.

Aber die Revolution scheiterte. Der Deutsche Bund machte wie bisher weiter. Bis dann 1861 der zwar nicht junge, aber neue preußische König Wilhelm I. Otto von Bismarck zum Ministerpräsidenten berief. Er sollte einen massiven Verfassungskonflikt mit der liberalen Mehrheit im preußischen Landtag beenden. Es ging um eine Heeresreform, die die Reste der in der Landwehr institutionalisierten Volkserhebung von 1812 gegen Napoleon beseitigen sollte – zugunsten eines lückenlos adeliger Befehlsgewalt unterstellten königlichen Heeres. Bis-

---

[1] Die folgenden Stichworte haben ihre Grundlage im zweiten und dritten Band „Deutsche Gesellschaftsgeschichte" von Hans-Ulrich Wehler und „Deutsche Geschichte des 19. und 20. Jahrhunderts" von Golo Mann (Wehler 1987 und 1995 und Mann 1979). Auf die Angabe einzelner Seiten wird verzichtet.

marck löste den Konflikt aber nicht, sondern nutzte die erste sich bietende Chance, ihn nach außen abzulenken. Das geschah 1864 erst einmal durch einen Krieg des Deutschen Bundes unter preußisch-österreichischem Oberbefehl gegen Dänemark, um die Herzogtümer Schleswig und Holstein nicht dem dänischen König überlassen zu müssen. Der Krieg war erfolgreich. Sein Ergebnis wurde aber von Bismarck zu einem weiteren Krieg Preußens mit einigen verbündeten deutschen Staaten gegen Österreich samt dessen deutschen Verbündeten ausgenutzt. Preußen siegte abermals, nicht ohne einige deutsche Staaten zu annektieren. Bismarck nutzte diese Situation gleichzeitig dafür aus, mit der Mehrheit der Liberalen hinsichtlich des Verfassungskonfliktes Frieden zu schließen (Schulze gehörte ab nun zu der linksliberalen Minderheit, die nach wie vor in Opposition zu Bismarck stand). Preußen gründete jetzt mit den norddeutschen Staaten einen eigenen Bundesstaat, den Norddeutschen Bund. Vier Jahre später löste Bismarck den dritten Einigungskrieg aus, dieses Mal zusammen mit den süddeutschen Staaten gegen Frankreich. Nach dem Sieg wurde das Deutsche Reich gegründet. Österreich blieb aber ausgeschlossen.

Parallel zu dieser politischen Entwicklung war das der napoleonischen Zeit folgende 19. Jahrhundert von rapiden, sich immer stärker beschleunigenden gesellschaftlichen und wirtschaftlichen Entwicklungen gekennzeichnet. Es wurde geprägt durch die fortdauernde Entwicklung neuer Techniken, neuer Methoden, neuer Stoffe. Die Industrialisierung begann und schlug ein immer schnelleres Tempo an. Die Produktion erhöhte sich, der Verkehr wurde ausgedehnter und temporeicher, die Bevölkerung wuchs. Die Lebenserwartung stieg, wenn auch äußerst langsam. Die Medizin macht Fortschritte. Vor allem der Eisenbahnbau seit den dreißiger Jahren zog ein rasantes Wachstum des Bergbaus, der Montanindustrie, des Maschinenbaus nach sich. Der ungeheure Kapitalbedarf führte zur Herausbildung eines wirkungsmächtigen Bankenwesens. Im späteren Teil des Jahrhunderts kam die Ausnutzung der Elektrizität mit all den Konsequenzen für die weitere Entwicklung der Industrie und der Gesellschaft hinzu. Als Raiffeisen 1888 starb gab es Automobile, Glühbirnen, Schallplatten, man konnte fotografieren und Telegramme durch ein Unterseekabel von Europa nach Amerika schicken. Auch Raiffeisens Welt, die Landwirtschaft, war dauernden Veränderungen unterworfen. Das macht schon ein einziges Beispiel deutlich: Zwei Jahre vor seinem Tod wurde der erste selbstfahrende Mähdrescher in Betrieb genommen.

Mit alledem waren gesellschaftliche und soziale Veränderungen verbunden. Grundsätzlich war das ganze Jahrhundert von einem tiefgehenden Fortschrittsglauben geprägt. Die starren Formen der Gesellschaft lockerten sich immer stärker. Neue gesellschaftliche Klassen bildeten sich entlang der industriellen Entwicklung. Andere verloren an Bedeutung. In den Worten Golo Manns: Aus einem Volk von Bauern wurde ein Volk von Arbeitern und Angestellten. Die sozialen Gegensätze verschärften sich indes und die daraus resultierenden Konflikte vermehrten sich. Dafür wiederum ist ein Beispiel der Weberaufstand von

1844. In der zweiten Hälfte schufen sich die Arbeiter ihre eigenen Organisationen – auch wenn die ersten Gründer, wie Lassalle, keine Arbeiter waren. Aber Bebel war es dann. Die von ihm geführte sozialdemokratische Partei wuchs. Die herrschenden Kreise wurden nervös. Bismarck benutzte deshalb 1878 zwei Attentate auf den Kaiser (mit denen die Sozialdemokratie nun gar nichts zu tun hatte), um ihre Partei unter Ausnahmegesetzgebung zu stellen. Ihre Arbeit sollte so behindert werden, dass ihr Einfluss auf die Arbeiter dezimiert werden würde.

Wenige Jahre später ergänzte Bismarck diesen offenen Kampf durch den Beginn seiner Sozialgesetzgebung, also die Einführung von Kranken-, Renten-, Invaliditätsversicherungen. Zuckerbrot und Peitsche war das Prinzip. Denn Bismarck hoffte durch diese staatlich bewirkte Minderung von Lebensrisiken die Arbeiter der Sozialdemokratie abspenstig zu machen. Er nannte das praktisches Christentum. (Bismarck 1889: 156 u. 164f.).

b) Landwirtschaft und ländliche Gesellschaft

Die Landwirtschaft und die ländliche Gesellschaft waren in dieser Zeit von sehr eigenen Entwicklungen und Zuständen geprägt. Sie sollen jetzt kurz angeschaut werden. Raiffeisen agierte ja schließlich nicht im luftleeren Raum. Die folgenden Aussagen dazu folgen im Wesentlichen Hans-Ulrich Wehler „Deutschen Gesellschaftsgeschichte" und Thomas Nipperdey „Deutsche Geschichte". Volker Ullrichs Studie zu „Aufstieg und Untergang des deutschen Kaiserreichs" mit dem Titel „Die nervöse Großmacht" habe ich daneben herangezogen.

Nach den napoleonischen Kriegen durchlief die Landwirtschaft in Deutschland – allerdings in unterschiedlichen regionalen Ausprägungen – bis Ende der zwanziger Jahre des 19. Jahrhunderts eine Zeit der Krise. Danach war eine lange Periode der positiven Konjunktur bis in die Mitte der siebziger Jahre zu verzeichnen. Daneben gab es immer wieder, ebenfalls regional unterschiedlich, Hungerkrisen aufgrund von Missernten, so auch 1845/47. In dieser Zeit (1850 bis 1875) stieg denn auch der Bodenwert der deutschen Landwirtschaft – in den Reichsgrenzen von 1871 – um rund fünfundachtzig Prozent an. Beim gesamten Kapitalstock (Boden plus Gebäude, Vieh, Geräte, Maschinen, Vorräte) waren es sogar rund neunzig Prozent. Der Unterschied beider Zahlen hat mit der anhaltenden Modernisierung zu tun. Zu den Ursachen des „agrarwirtschaftlichen Wachstums" gehörten der Nachfragesog auf dem Binnenmarkt – veranlasst durch das immense Bevölkerungswachstum – ebenso wie der starke Rückgang der Selbstversorgung aufgrund von Industrialisierung und Verstädterung. Die Landwirtschaft produzierte also verstärkt für den Markt. Die zunehmende Verkehrserschließung hat dann nach 1850 mit zur Verbesserung der Lage beigetragen. (Vgl. Nipperdey 1991a: 146f., 157 und 172 und Wehler 1995: 41ff. u. 48). Dazu hat auch Raiffeisen seinen Beitrag geleistet, wie wir später noch sehen werden.

Zur Modernisierung gehörte auch der Einzug kapitalistischer Wirtschaftsgesinnung mit der zunehmenden Bedeutung von Rentabilität, Gewinn, Rechenhaftigkeit, exakterer Buchhaltung. Landwirt zu sein, „[...]das war nicht mehr – wie Bauer und Gutsherr – eine Gegebenheit und ein Erbe, sondern eine wählbare Profession". Modernisierung, das hieß natürlich auch verbesserte Düngung, der Beginn gezielter Tier- und Pflanzenzüchtung, neue Maschinen und Geräte, Vermehrung des Viehbestandes, Akademisierung der Ausbildung usw. In den Worten Nipperdeys: „Die Landwirtschaft emanzipierte sich ein Stück von der Natur [...]." Risiken, wie Feuer, Hagel, Viehseuchen, bis dahin als Gottes Geißel angesehen, wurden durch die Einführung von Versicherungen kalkulierbarer. (Vgl. Nipperdey 1991a: 147ff., 158 und Wehler 1995: 52ff.).

Das alles kostete Geld. Bis zu den Anfängen der genossenschaftlichen Kreditorganisation gab es auf dem Land kaum eine institutionelle Form der Darlehnsgewährung. Das Beispiel der genossenschaftlichen Kreditgewährungen rief dann auch Sparkassen und Banken auf den Plan. Aber vorher lag die Vergabe vor allem der Personalkredite in den Händen privater Geldverleiher, oft kombiniert mit dem Viehhandel (zuweilen auch bei den Kirchengemeinden). Der damit manchmal verbundene Vorwurf des Wuchers wird uns noch intensiver beschäftigen. Etwa seit der Reichsgründung 1871 verfügte die Landwirtschaft über eine ausreichende Kreditversorgung. (Vgl. Nipperdey1991a: 151 u. Wolters 2008: 21ff.). Wehler stellt für diese Zeit fest: „Das ritualisierte Klagen über die ländliche Kreditnot kann über die zufließenden Kapitalströme nicht hinwegtäuschen." (Wehler 1995:48).

Bei alledem gab es erhebliche Unterschiede, was die Beteiligung der landwirtschaftlichen Betriebe und Bevölkerung an diesen Entwicklungen und Prozessen betrifft. Sie – die Unterschiede – hingen ab von Agrarstruktur, Erbrecht, Betriebsgröße, Bodenqualität. Da gab es zum Beispiel die überwiegend großen und mittleren Bauernhöfe der Anerbengebiete im Nordwesten oder die Kleinbauern im Gebiet der Realteilung im Südwesten. Extrem waren die Unterschiede zwischen den großen Bauern auf gutem Boden und den armen Geest-, Heide-, Wald- und Gebirgsbauern in der gleichen Region. In den Gebieten der Realteilung, wo also nicht ein einziger Erbe den gesamten Hof übernahm, breitete sich im Vormärz immer stärker die kleinbäuerliche Armut aus. Das galt vor allem für Hessen, Teile Thüringens und der Rheinprovinz, für die Pfalz, für Baden und Württemberg. (Vgl. Nipperdey 1991a: 171).

Mit alledem waren einerseits spezifische bäuerliche Mentalitäten verbunden. Nipperdey formuliert diesen Tatbestand so: „Leben war arbeiten, den Boden bebauen, um sich selbst und seine Familie durchzubringen. Der Bauer war spezifisch auf die Natur angewiesen, sie gab das Notwendige (was Arbeit und Fleiß nicht garantieren konnten) und war doch auch feindlich, fremd, unheimlich, unverfügbar – das Hinnehmen schicksalhafter wie geregelter Natur ist ein Grundbestand; der Acker, das Tier (und die Geräte), das sind die nahen Dingwelten, deren Notwendigkeiten ihn bestimmen. Der Bauer empfindet, denkt und handelt darum gebundener und beständiger als der (beweglichere) Städter." (Nipperdey 1991a: 173f.).

Andererseits aber gab es auf dem Land erhebliche soziale Unterschiede. Denn „innerhalb der dörflichen Welt gab es ein hierarchisch abgestuftes System der gesellschaftlichen Ungleichheit. Die zentrale Steuerungs-Kategorie im Leben der Dorfbewohner war die Größe des Hofbesitzes." Entscheidend war, in welche Familie man hineingeboren war. „Das bestimmte Erbchancen und Heiratskreis, bestimmte mehr als alle individuelle Fähigkeit, mehr als in jedem städtischen Lebenskreis soziale Position und soziales Schicksal [...]." (Nipperdey 1991a: 174; vgl. Nipperdey 1991b: 220; Ullrich 2007: 305; vgl. auch Wehler 1995: 180f.).

Kurze Zeit nach der Reichsgründung, 1875/76, erfasste eine vom Weltagrarmarkt ausgelöste Krise auch die deutsche Landwirtschaft, zu der Wehler bemerkt, diese Krise sei ein „säkulares Ereignis" gewesen, „das eine bis zur Gegenwart anhaltende, noch immer ungelöste Dauerkrise eröffnete" (Wehler 1995: 56). Die Einbeziehung der Landwirtschaft in den Weltmarkt hatte zugenommen. Billige Importe, vor allem an Vieh, Fleisch und Getreide (letzteres vor allem aus den Vereinigten Staaten und Russland), drückten auf die inländischen Preise. (Vgl. Nipperdey 1991b: 202ff. und Wehler 1995: 56f.).

Die Rationalisierung und Modernisierung in der Landwirtschaft setzte sich rapide fort. Moderne Maschinen, wie Dreschmaschinen, Mähmaschinen, Drillmaschinen, wurden immer verbreiteter eingesetzt. Es gab Fortschritte in den Konservierungsmethoden, in der Absatzorganisation, in der Veredelung landwirtschaftlicher Produkte (z. B. die Milchverwertung in den Molkereien). Die seit den Anbaumethoden früherer Zeiten immer noch vorhandenen Brachen wurden ebenso wie die zahlreichen Ödflächen kultiviert. (Vgl. Ullrich 2007: 133f. u- Nipperdey 1991b: 192ff.). Die innerdörfliche soziale Schichtung verstärkte sich eher noch. „Gewöhnlich bildeten die Großbauern einen Herrschaftsclan, der auch informell dominierte [...]." Ihr lokales politisches Machtmonopol nutzten sie zielbewusst zugunsten ihrer Familie und ihresgleichen aus. „Sie entschieden über wichtige politische Fragen und beeinflussten durch die Wahl des Dorfschulzen oder –vorstehers den Ablauf der Verwaltung im Alltag." Landwirtschaftliche Vereine unterstützten die Landwirtschaft. „Sie verbreiteten Fachwissen, gaben ihre Jahrbücher und Zeitschriften heraus, führten Probepflüge vor, experimentierten mit neuen Kulturen und der Viehzucht, kauften Saatgut, Dünge- und Futtermittel." Aber: „Nach Lage der Dinge förderten die Vereine vor allem die Großbetriebe und mittelbäuerlichen Höfe." Denen „griffen auch die landwirtschaftlichen Genossenschaften und Kreditinstitute in erster Linie unter die Arme, wenn es um die Modernisierung der Betriebe ging." Das hatte Folgen, denn „dadurch wurde ihr Vorsprung in der Entwicklung der bäuerlichen Gesellschaft befestigt." (Wehler 1995: 54, 180ff., 826ff.).

Willy Krebs, Leiter der literarischen und der volkswirtschaftlich-statistischen Abteilung der Raiffeisen-Organisation vor 1930, der uns noch einige Male begegnen wird, hatte zum hundertsten Geburtstag Raiffeisens eine kleine Schrift unter der Bezeichnung „Festgabe" veröffentlicht. Darin schreibt er über die Region, den Westerwald, in der Raiffeisen tätig war und im Besonderen über die Bevölkerung dort: „Der Bauernstand, heruntergekommen erst durch Ausbeutung räuberischer Ritterschaft, dann den Schlendrian kleinstaatlichen Unwesens, durch unausgesetzte Gebietsteilung, Vererbung, Eroberung, Kauf und Verpfändung, verarmt und verschuldet, begann gerade seit Beginn des 19. Jahrhunderts sich langsam zu erholen unter den geordneten Zuständen der nassauischen und preußischen Regierung. Aber das ging langsam, sehr langsam. Die Folgen jahrhundertelanger Mißwirtschaft ließen sich nicht mit einem Mal beseitigen. Dumm und stumpfsinnig waren die Bauern geworden; sie nahmen die traurigen Zustände als von der Natur und von Gott gegeben hin." (Krebs 1918: 60). Das war der Ausgangspunkt Raiffeisens.

c) Die genossenschaftliche Welt vor Raiffeisen

Nun gab es schon vor den Zeiten Raiffeisens eine bemerkenswerte Entwicklung genossenschaftlicher Überlegungen und Experimente. Entgegen einer weit verbreiteten – und von den deutschen Genossenschaftsverbänden gepflegten – Legende sind Genossenschaften sehr alt. Jedenfalls sind Raiffeisen und Schulze-Delitzsch beileibe nicht als erste auf die Idee gekommen, Genossenschaften zu kreieren. Sie sind mit ihren Schöpfungen in eine vorhandene genossenschaftliche Welt eingetaucht. Mit dem Ursprung der genossenschaftlichen Praxis und der genossenschaftlichen Idee hatte ich mich schon in knapper Form vor einiger Zeit beschäftigt (vgl. Kaltenborn 2016: passim). Jetzt seien nur frühe Beispiele aus dem deutschen ländlichen Bereich, also dem Feld, auf dem Raiffeisen sich tummelte, genannt.

Gegen Ende des 18. Jahrhunderts sollte Carl Gottlieb Svarez (manchmal wird er auch Suarez genannt) für die noch junge preußische (vorher österreichische) Provinz Schlesien ein landwirtschaftliches Kreditsystem schaffen. Die aufgrund der zurückliegenden Kriege überschuldeten Güter sollten dadurch die Chance erhalten, sich zu sanieren. Sein Modell, das dann auch in anderen östlichen Provinzen Preußens eingeführt wurde, sah genossenschaftlich organisierte Pfandbriefanstalten vor, deren Mitglieder die Grundbesitzer waren. Die Genossenschaft sollte hypothekarisch gesicherte Kredite an ihre Mitglieder vergeben, die maximal die Hälfte des Wertes der jeweiligen Güter ausmachten. Zur Refinanzierung wurden die Hypotheken als Pfandbriefe von der Genossenschaft für einen garantierten Zinssatz in den Handel gebracht. Die Genossenschaften – in einigen von ihnen war die Mitgliedschaft obligatorisch – trugen die Bezeichnung „Landschaft". Kein geringerer als Max Weber hat sie später untersucht (vgl. Weber 1998: 333ff.; vgl. auch Wolf 1963: 434f.).

Aus Bayern sind wenigstens zwei Beispiele vergleichbarer Konzepte bekannt. Das eine von ihnen, das schon 1823 entwickelt wurde, sah die Gründung einer Vereinsbank vor, die für ihre großbäuerlichen Mitglieder, ebenfalls gegen Sicherheiten, den Kapitalmarkt „aufschließen" sollte (Aretin 1823: passim). Einige Jahre später konzipierte ein bayerischer Tierarzt namens Ryß die Idee einer „Vieh-Assekuranz-Kredit-Anstalt" (Ryß 1831: passim). Er dachte dabei – wie später Raiffeisen – an die ärmeren Bauern, die noch nicht einmal ihre wenigen Stück Vieh wirklich kaufen konnten, sondern durch eine Art Mietkauf von dem Viehhändler allzu leicht ausgebeutet werden konnten. Um das zu verhindern, sollte die zu bildende Anstalt (eine je Dorf) das Vieh ihrer Mitglieder versichern und dessen Zustand regelmäßig kontrollieren. Dadurch sei der Wert des Viehs bekannt und es könnte also als Sicherheit für den von der Anstalt dem Bauern geliehenen Kaufpreis dienen. Da der Verein ein sicheres Geschäft betreiben würde, könnte er in seiner Funktion als Kreditanstalt ausreichend Einlagen sammeln. Der Autor verweist ausdrücklich darauf, dass mit diesem Modell auch den Viehhändlern geholfen werde. Denn sie würden, das Vieh „gerne" um zehn oder sogar dreißig Prozent günstiger abgeben, als „auf unsichern Borg, wobei sie dennoch Gefahr laufen, bei Einem mehr zu verlieren, als sie an Zwey bis Sechs gewinnen, denn Prozeßkosten, entgangene Zinsen und dergleichen kosten viel Geld." (Ryß 1831: 6).

Drei Jahre später, 1834, wurde in Homberg am Rhein in der Nähe von Moers eine Genossenschaft zum Bau und Betrieb einer Windmühle gegründet (vgl. Schreiber 1928: 640f.). Friedrich Müller, der 1901 eine größere Arbeit über die Entwicklung der landwirtschaftlichen Genossenschaften veröffentlichte, stellte darin fest, dass die Raiffeisen-Gründungen „keineswegs die einzigen und zweifellos auch nicht die ersten Institute ihrer Art in der damaligen Zeit waren, sondern nur Beispiele einer Vereinsform, welche in vielen Gegenden Deutschlands schon vor 1850, und zahlreicher gerade um die Mitte des 19. Jahrhunderts je nach dem Bedürfnis in der oder jener Weise gebildet, auftauchte [...]." (Müller 1901: 27). Zu denen gehörte auch die „Hilfskasse zur Anschaffung von Vieh für minderbemittelte Gutsbesitzer", die 1848 in der Gemeinde Hömberg in Nassau vom Ortsbürgermeister gegründet wurde. Die Mitglieder mussten sich selbst an der Finanzierung der Kredite zumindest beteiligen, also Selbsthilfe leisten. Das Homberger Statut kannte auch schon die Solidarhaft dieser Mitglieder. (Vgl. Faßbender 1902: 72). Soweit war Raiffeisen, der zur gleichen Zeit in Flammersfeld sozusagen die zweite Etappe seines Weges begann, noch nicht (vgl. Raiffeisen 1872: 110f.).

Das Gleiche gilt für die Winzergenossenschaften, die ab 1852 ebenfalls unabhängig von Raiffeisen entstanden. Der „Landwirtschaftliche Verein für Rheinpreußen", genauer: dessen Sektion für Weinbau hatte in diesem Jahr begonnen, „den Assoziationsgedanken in die Tat umzusetzen" und sorgte für zunächst vier Winzergenossenschaften an der Mosel. Sie firmierten von Beginn an unter dem Namen Genossenschaften, kannten die nicht geschlossene Mitgliederzahl, die solidarische Haftung, die vergütungslose Tätigkeit des Vorstandes. Lediglich der Vereinsküfer und der Rendant, andernorts auch Rechner genannt, erhielten „nach Maßgabe ihrer Mühewaltungen" eine Vergütung. Es gab keine Geschäftsanteile oder Eintrittsgelder, andererseits auch keine Gewinnbeteiligung. Etwaige Überschüsse wurden dem Reservefonds zugeführt. Die späteren Überlegungen Raiffeisens entsprachen dem. Zweck der Vereine war die Behandlung und Beaufsichtigung der Weine, also die eigentlichen Kellereiarbeiten. Die Keller gehörten dem Verein. (Vgl. Blesius 1929: 19ff.). Diese frühen Gründungen waren Raiffeisen offenbar nicht bekannt. Er behauptet nämlich in seinem Buch, dass der erste Winzerverein erst 1869 in Mayschoß an der Ahr entstanden sei (vgl. Raiffeisen 1887/1923: 93f.). Im Übrigen nimmt er auch nicht für sich in Anspruch, auf die Gründung der Winzergenossenschaften Einfluss gehabt zu haben. So gibt er zum Beispiel 1881 zu, keinesfalls zu wissen, wie viele von diesen Winzervereinen überhaupt existierten (vgl. Raiffeisen 1881b: 50).

In einer halbwissenschaftlichen Arbeit von 1877 wird noch ein weiterer Fall mitgeteilt. Es handelt sich um einen Darlehnskassenverein in der Ortschaft Birk, in der Nähe Aachens. „Der Birker Spar- und Darlehnskassenverein ist deshalb interessant, weil er ohne Anregung von Außen entstanden ist und von Raiffeisen und seinen Ideen etwas zu wissen, doch nach dessen System wirthschaftete." (Kraus 1877: 4). Beim Birker Verein konnten auch mehrere, bis zu 50 insgesamt, Anteile erworben werden. Damit verbunden war ein – reduziertes – Mehrstimmrecht. (Vgl. Kraus 1977: 4ff.).

Es dürfte also wohl hinreichend deutlich geworden sein, dass Raiffeisen keinesfalls die Idee der Genossenschaft entwickelt hat und sie auch nicht als erster auf das landwirtschaftliche Feld übertragen hat. Er war vielmehr ein Teil dessen, was sein jahrelanger Mitarbeiter Faßbender so formuliert hat: „Der Druck und das Elend, unter dem in vierziger Jahren die Bevölkerung in vielen Gegenden lebte, wurden die Veranlassung zur Bildung der verschiedensten genossenschaftlichen Vereinigungen auch auf dem Lande." (Faßbender 1902: 72).

2. Raiffeisens Engagement

a) Sein biografischer Weg

Von Friedrich Wilhelm Raiffeisen gibt es keine wissenschaftliche Biografie (ein Schicksal, das er mit Schulze-Delitzsch teilt). Kein Genossenschaftsverband ist offenbar bereit, dafür einen Auftrag zu erteilen. Vielleicht ist den Verbänden auch die Gefahr der Desillusionierung zu groß. Was es gibt, ist ein Hymnus von Willy Krebs (den ich weiter oben zitiert habe), „Aus dem Leben F. W. Raiffeisens", 1918 erschienen (vgl. Krebs 1918: passim). Er konnte noch aus den Archiven schöpfen, was die Vermutung nahelegt, dass zumindest seine Faktendarstellungen zutreffend sind. Weiterhin hat der Funktionär des Raiffeisenverbandes (u. a. als Direktor eines Regionalverbandes) Erich Lothar Seelmann-Eggebert 1928 ein Buch unter dem Titel „F. W. Raiffeisen sein Lebensweg und sein genossenschaftliches Werk" erscheinen lassen (vgl. Seelmann-Eggebert 1928: passim). Es wird zwar von Helmut Faust als die „wissenschaftlich am besten begründete Darstellung des großen Genossenschaftspioniers" bezeichnet, zugleich aber entwertet Faust dieses Urteil, da er anschließend Seelmann-Eggebert mit den Worten zitiert, er habe „allzeit in größter Verehrung und – vom vaterländischen Standpunkt aus – in tiefster Dankbarkeit zu dem Bilde des Mannes aufgeschaut", den er da beschreibt (vgl. Faust 1977: 384). Nun dürften größte Verehrung vom vaterländischen Standpunkt aus und wissenschaftliche Zurückhaltung schwerlich miteinander zu vereinbaren sein.

Ferner gibt es noch von Martin Faßbender „F. W. Raiffeisen in seinem Leben, Denken und Wirken im Zusammenhange mit der Gesamtentwicklung des neuzeitlichen Genossenschaftswesens in Deutschland" von 1902 (vgl. Faßbender 1902: passim). Faßbender war ein sehr naher Mitarbeiter Raiffeisens, hat sich aber später von ihm getrennt. Diese Trennung dürfte aber kein totales Zerwürfnis gewesen sein, denn die Tochter Raiffeisens, Amalie, die bis zu seinem Tode Raiffeisens intimste Mitarbeiterin war, hat Faßbender noch mit Unterlagen versorgt. Allerdings stimmt Faßbender auch kritische Töne an, was ihm von Raiffeisens posthumer Entourage wohl übel genommen wurde. Faust verteidigt ihn gegen solche Kritik. Allerdings ist das Buch Faßbenders schwer lesbar. Endlose, mit dem Thema kaum zusammenhängende, sehr assoziative Passagen psychologischen, philosophischen usw. Charakters schläfern den Leser geradezu ein. Alle weiteren biografischen Arbeiten und Skizzen beziehen sich auf diese Autoren. Sie müssen es tun, denn laut Walter Koch, der die einzigen überkommenen, weil heutzutage erst gefundenen Briefe Raiffeisens herausgegeben hat, ist der persönliche und der genossenschaftliche Nachlass Raiffeisens durch Kriegs- und Nachkriegsereignisse der Vernichtung anheimgefallen (vgl. Koch 1986: 11).

Hier soll jetzt keine Biographie gegeben werden, sondern es sollen einige knappe Fakten zu Raiffeisens Lebensweg, destilliert aus dem Krebsbuch, genannt werden. Friedrich Wilhelm Raiffeisen wurde am 30. März 1818 in Altenkirchen/Westerwald (heute zu Rheinland-Pfalz gehörend) geboren. Sein Vater war Landwirt und Bürgermeister. Friedrich Wilhelm war das siebente von neun Kindern. Die Familie war protestantisch, die Mutter sehr fromm. Die Familienverhältnisse waren (hier verlasse ich für den Augenblick Willy Krebs) zerrüttet. Der Vater hatte wegen Trunksucht und Griff in die Armenkasse sein Amt verloren und siechte bis zu seinem Tod 1869 dahin. Von Raiffeisen selbst wurde niemals über seinen Vater gesprochen. (Vgl. Faßbender 1902: 16 und Faust 1977: 714).

Und nun wieder zu Krebs zurückkehrend: Als Raiffeisen vier Jahre alt war, starb die Mutter. Mit 17 Jahren trat er in die (preußische) Armee ein und zwar als Artillerist. Er macht dann eine Ausbildung als Oberfeuerwerker, die er 1840 erfolgreich beendete. Wegen eines Augenleidens musste er 1843 die militärische Laufbahn aufgeben. Er ging in den öffentlichen Dienst und wurde nach zwei Zwischenstationen 1845 in Weyerbusch (ebenfalls zum Westerwald gehörend) Bürgermeister. Zur Gemeinde gehörten 22 einzelne kleine Dörfer. Die Gegend war bestimmt durch ein eher dürftiges Landschaftsbild mit einem rauen Klima. Die kleinen bäuerlichen Betriebe arbeiteten nicht sonderlich effizient. Krebs spricht von Misswirtschaft. Raiffeisen kümmert sich ebenso um die Schulbildung der Kinder wie um den dringend notwendigen Wege- und Straßenbau und anderes mehr.

Schon nach drei Jahren wird Raiffeisen in die gleiche Funktion nach Flammersfeld versetzt. Die äußeren Bedingungen sind die gleichen. Hier sorgt Raiffeisen für den Bau einer Straße von Neuwied über Flammersfeld und Weyerbusch an die bestehende Straße Frankfurt-Köln. Damit ist die bisher völlig abseitige Gegend an die beiden Zentren angebunden. Raiffeisen kümmert sich intensiv um die Finanzverwaltung und führt überhaupt ein strenges Regiment. Die Revolutionszeit 1848 sieht ihn als Wahlmann für die Frankfurter Nationalversammlung, also als Teil der von den Urwählern gewählte Zwischenstufe, die die eigentlichen Abgeordneten wählt.

Seit 1852 ist er dann Bürgermeister in Heddesdorf. Es bestand aus vierzehn Ortsteilen mit insgesamt 9.000 Einwohnern. Anfang der sechziger Jahre zieht er sich ein chronisches Nervenleiden zu. Auch der Zustand seiner Augen verschlechtert sich. Mit 47 Jahren muss er aus dem Amt ausscheiden. Aufgrund der kurzen Dienstzeit ist seine Pension äußerst knapp bemessen. Er versucht deshalb seinen Lebensunterhalt mit einer Zigarrenmanufaktur aufzubessern, scheitert aber damit. Danach probiert er es mit einem Weinhandel, der nach langer Anlaufphase einigermaßen funktioniert. Im Übrigen beschäftigte ihn sein genossenschaftliches Werk intensiv genug.

Geheiratet hatte er 1845. Die älteste Tochter, Amalie, kam 1846 zur Welt, sechs weitere Kinder folgten, von denen drei sehr früh starben. Seine Frau starb

1863; fünf Jahre später heiratete er erneut. Seine Tochter Amalie gab auf sein Drängen hin zu ihrem eigenen „großen seelischen Schmerz" (Koch 1986: 17) ihre geplante Hochzeit auf. Sie fungierte künftig als seine engste Mitarbeiterin, schrieb seine Briefe, seine Artikel, seine Bücher (er war am Ende fast vollständig blind). Die zweite Tochter, Caroline, heiratete und lebte dann in Schlesien, die dritte, Bertha, wohl in der Nähe des Westerwaldes.

Das vierte überlebende Kind war ein Junge, Rudolf. Über ihn schreibt Koch in der Einleitung zu dem von ihm herausgegebenen Briefband, er konnte „vor den Augen des strengen Papas nicht bestehen", resignierte und floh „aus dem Zwang der Erwartung"; er hätte „die Tage mit Nichtstun" verbracht, Schulden gemacht. Schließlich habe Raiffeisen seinen Sohn verstoßen. (Vgl. Koch 1986: 19). Er – der Sohn – wird uns trotzdem noch einmal begegnen.

Am 1. April 1888 meldet Raiffeisens Zeitschrift, das „Landwirthschaftliche Genossenschaftsblatt", auf der ersten Seite den Tod seines Gründers, Schriftleiters, Autors, Redakteurs, Reporters Friedrich Wilhelm Raiffeisen.

b) Sein genossenschaftlicher Weg

Raiffeisens Leben war über 43 Jahre hin ein öffentliches Leben. Das Jahr, nachdem er sein erstes Bürgermeisteramt in Weyerbusch angetreten hatte, führten die Wetterverhältnisse zu einer Missernte, die sich 1847 dann voll auswirkte. Die Not, vor allem in entlegenen Gebirgsgegenden, war groß. Es sei vorgekommen, schrieb Raiffeisen später, dass das Mittagsmahl einer Familie „aus Cichorienbrühe und Sauerkraut" bestanden habe. Das zeige, „wie groß die Armuth in einzelnen Fällen" gewesen sei. Er gründete daraufhin „mit einer Anzahl günstig gestellter Einwohner" einen „Consumverein", dem es gelang, „Brotfrucht" und Kartoffeln heranzuschaffen. Eine Bäckerei wurde errichtet und das Brot für den halben des sonst üblichen Preises abgegeben. (Raiffeisen 1887: 4). Da die Missernte dazu geführt hatte, dass auch kaum Saatfrucht geerntet werden konnte, besorgte der Verein Saatfrucht, namentlich Setzkartoffeln. Raiffeisen nannte seine Gründung zwar Verein, aber eine wirkliche Rechtsform hatte er nicht. Laut Krebs wurde sie mit verschiedenen Namen bezeichnet, so Brodverein, Armenverein, Armenunterstützungsverein (vgl. Krebs 1918: 73). Heinrich Richter, der 1966 eine materialreiche Dissertation über „Friedrich Wilhelm Raiffeisen und die Entwicklung seiner Genossenschaftsidee" geschrieben hat, stellt fest, es handelte „...sich um eine lose Vereinigung von Bürgern mit vorwiegend caritativem Charakter". (Vgl. Richter 1966: 21). Sie hatte nichts Genossenschaftliches an sich.

Als dann 1848 Raiffeisen nach Flammersfeld versetzt worden war, wurde er mit den Kreditproblemen von Landwirten konfrontiert. Sie machten sich vor allem beim ja immer wieder notwendigen Viehkauf bemerkbar. Die Viehhändler bestanden nicht auf Barzahlung, sondern kreditierten den Kauf, wobei selbst die üblichen Zinsen den Bauern drückten, er seine Zahlungsmöglichkeiten überschätzte, der Viehhändler auf pünktliche Zahlung bestand und der Bauer allmählich leicht in einen Teufelskreis der untragbaren Verschuldung geriet. Raiffeisen schreibt über die Konsequenz, „...es kamen mehrere Fälle vor, wo Familien dadurch ruiniert wurden." (Raiffeisen 1872: 10). Raiffeisen gründete deshalb – ein Jahr nach seinem Amtsantritt – auch in Flammersfeld einen Verein, den „Flammerfelder Hülfs-Verein zur Unterstützung unbemittelter Landwirthe".

Ursprünglich hatte Raiffeisen daran gedacht, dass der Verein das Vieh kauft und es dann dem Bauern überlässt, der es in fünf Jahren abzahlten sollte. Das stellte sich als zu umständlich, kostspielig und zeitraubend heraus. Da Geld auch für andere Zwecke notwendig war, wurden den Bauern jetzt Geldzahlungen bewilligt, also Kredite gegeben, ebenfalls in fünf Jahren rückzahlbar. Es gelang Raiffeisen, sechzig der „wohlhabendsten Einwohner" dazu zu bewegen, für die notwendigen Geldmittel mit ihrem Gesamtvermögen zu haften. Anfangs war aber kein Bargeld vorhanden. Als aber zwanzig der Vereinsmitglieder ihre Haftungsbereitschaft durch einen „gerichtlichen Act" bestätigten, stellte ein „Kapitalist" aus einer benachbarten Stadt 2.000 Taler zur Verfügung. Die Darlehen wurden auch für Investitionen in Gebäude und Grundstücke, aber auch für den Ankauf von Saatgutund dergleichen gegeben. (Vgl. Raiffeisen 1872: 10ff.). Von Genossenschaftlichem war auch diese Schöpfung noch weit entfernt. Es fehlte vollständig das aktive Element der Beteiligten, die mit ihren Mitteln und Möglichkeiten gemeinsam versuchen, ihre wirtschaftliche Lage zu verbessern. Der übliche Begriff dafür ist Selbsthilfe.

Richter meint dagegen in seiner Dissertation, der Flammersfelder Hilfsverein sei „als erste größere und geschlossene Schöpfung Raiffeisens in die Frühgeschichte des landwirtschaftlichen Genossenschaftswesens" eingegangen. Er begründet das mit „...dem organischen Aufbau der Verwaltung, die genauen Bestimmungen über Bildung und Verwendung des Gewinns, über den Reservefonds, sowie über die Aufnahme von Darlehen und den Verkauf von Vieh" (Richter 1966: 23). Das sind aber nun alles Elemente, die eine Genossenschaft ganz gewiss beachten sollte, die aber nicht spezifische Eigenschaften für Genossenschaften sind oder waren.

Nach wenigen Jahren wurde Raiffeisen abermals versetzt, dieses Mal – 1852 – nach Heddesdorf. Wiederum veranlasste Raiffeisen wohlhabende Einwohner einen Wohltätigkeitsverein zu gründen. Er sollte „nach allen Richtungen wohlthätig" wirken: sich um die Erziehung verwahrloster Kinder kümmern, für Beschäftigung für arbeitslose Einwohner, vor allem entlassene Sträflinge, sorgen, die Errichtung einer Volksbibliothek vornehmen, aber „namentlich aber für die Beschaffung des nöthigen Viehes [...] sorgen und eine Creditkasse [...] gründen". Der Verein existierte zehn Jahre, er vergab an fast 1.500 Personen über 54.000 Taler an Krediten. Nach heutigem Wert (berechnet nach Bundesbank 2017) betrug die durchschnittliche Kreditsumme also rund 1.000 Euro. Die Laufzeit betrug in der Regel fünf Jahre, zuweilen aber auch zehn Jahre. Anfänglich konnten auch Nichtmitglieder Darlehen erhalten, das wurde aber bald geändert. (Vgl. Raiffeisen 1872: 11ff.).

Nach einer geraumen Zeit kam Raiffeisen zu der Erkenntnis: „Unhaltbar, und für die Dauer unausführbar, ist das Vereinigen mehrerer Zwecke in einem Vereine." Deswegen blieb am Ende in Heddesdorf nur die Vorschuß- oder Darlehnskasse übrig. Der alte Verein wurde aufgelöst und ein neuer, der „Heddesdorfer Darlehnskassen-Verein" gegründet. Die Mitglieder zahlten Eintrittsgelder und erwarben Geschäftsanteile. Sie hatten Anspruch auf Gewinnverteilung. Der Verein erstreckte sich über vier Pfarreien mit insgesamt 7.500 Einwohnern. Das führte bei Raiffeisen zu der bemerkenswerten Erkenntnis (bemerkenswert vor allem, wenn man an die Größen heutiger Kreditgenossenschaften denkt), „daß das Geschäft einen zu großen Umfang gewann", weil es zu viele Mitglieder gab. Deshalb wurde für jede Pfarrei ein Verein gegründet und außerdem die Geschäftsanteile und die Gewinnausschüttung abgeschafft. (Vgl. Raiffeisen 1872: 13f.).

So entstanden die Darlehnskassenvereine für das Kirchspiel Anhausen und drei weitere kirchliche Gemeinden. Das geschah 1862. Die Anhausener Satzung sah vor, dass die Empfänger von Darlehen auch Mitglieder des Vereins sein mussten. (Vgl. Zeidler 1893: 121f. u. Blesius 1929: 12f.). Zwei Jahre später wurde der Heddesdorfer Verein aufgelöst und nach jeweils den gleichen Prinzipien wie in Anhausen ein neuer Verein gegründet. (Vgl. Raiffeisen 1872:12ff. und Blesius 1929: 15). Die Gründungen von 1862/64 trugen den Namen Darlehnskassenverein. Mit ihnen waren die Prinzipien, mit denen Raiffeisen durch die von ihm gegründeten oder initiierten Darlehnsvereinen den ländlichen Kreditbedarf unter Anwendung fairer Prinzipien gestillt sehen wollte, realisiert worden. Wir werden sie – die Prinzipien – gleich noch genauer betrachten. Man mag begründete Zweifel haben, ob der Zwang, Mitglied in der Institution sein zu müssen, bei der man einen Kredit erhält, schon ausreicht, um von wirklicher Selbsthilfe zu sprechen. Aber immerhin, auch jeder kleine Bauer, der jetzt als Kreditnehmer seines Darlehnskassenvereins in die Lage versetzt wurde, Vieh anzukaufen oder sich modernere Geräte zuzulegen, haftete wie jedes andere Mitglied mit seinem ganzen Vermögen. Er mag es vielleicht sogar als Zumutung empfunden haben, mit seiner Klitsche auch für den Kredit eines Großbauern haften zu müssen, aber in der Realität saßen alle Beteiligten im gleichen Boot und mussten hinsichtlich der Solidität dieses Bootes die gleichen Interessen haben. Das ist nun in der Tat ein klares genossenschaftliches Merkmal.

Im Übrigen ist Raiffeisen mit großem innerem Widerstreben diesen entscheidenden Schritt zur Genossenschaft gegangen. Er tat dies nach einem Briefwechsel mit Schulze-Delitzsch aufgrund der Probleme seines Heddesdorfer Wohltätigkeitsverein. Die Argumente Schulze-Delitzschs überzeugten ihn.

Raiffeisen stellte nämlich später fest: „Ich konnte mich von der Idee nur ungern trennen, daß solche Vereine nicht auf Eigennutz, sondern auf Christenpflicht und Nächstenliebe gegründet fortbestehen müßten. Gegen den hochachtbaren, auf dem Gebiete der Volkswirtschaft so sehr verdienten Schulze-Delitzsch hatte ich diese Idee in einem Briefwechsel sehr warm verteidigt. Nach den gemachten Erfahrungen muß ich diesem indes auf das vollständigste darin recht geben, daß derartige Vereine nur dann lebensfähig sind und bestehen können, wenn sie auf die unbedingte Selbsthilfe gegründet, d. h. nur aus solchen Personen gebildet sind, die der Hilfe persönlich bedürfen." (Zit. n. Müller 1901: 55). Faust weist darauf hin, dass sogar noch weitere Elemente der Schulzeschen Genossenschaften von Raiffeisen übernommen wurden, so die Einzahlung auf Geschäftseinlagen und die Gewinnverteilung an die Mitglieder. (Vgl. Faust 1977: 337).

Aber das ökonomische Interesse der Mitglieder an einer solide organisierten Geldbeschaffung sollte laut Raiffeisen ergänzt werden durch das persönliche Miteinander der Mitglieder: „Die Mitglieder eines so kleinen Vereins können nichts besseres thun, wie es denn schon hin und wieder geschieht, sich jeden Sonntag Nachmittag zu versammeln, um in gemüthlicher Weise die gemeinsamen wirthschaftlichen Angelegenheiten zu beraten." Dabei könnten auch kleine Vorträge gehalten werden oder das Genossenschaftsblatt gemeinsam gelesen werden. (Raiffeisen 1879a: 11).

Als eines der Ziele – neben der Hebung der Christlichkeit und der Sittlichkeit, die uns noch beschäftigen werden – seiner Bewegung nennt Raiffeisen die effizientere Bewirtschaftung des Bodens. Der Bauer müsste mehr als bisher, so wie es der Handwerker tut, „seine geistigen und körperlichen Kräfte mehr anwenden". Das sei notwendig, damit er „...die Zweckmäßigkeit und Güte seiner Geräthschaften, die Art und Beschaffenheit des Bodens, des Düngers oder sonstigen Materials beurtheilen und seine Zeit besser anwenden und auskaufen lernt, daß mit mehr Fleiß und Sparsamkeit gewirthschaftet wird, und daß die, auf das häusliche Leben und Wirksamkeit so einflußreichen Tugenden: der Reinlichkeit und der Ordnung immer mehr Eingang finden." (Raiffeisen 1872: 5f.). Raiffeisen sieht also auch eine Erziehungsaufgabe, die die ländlichen Genossenschaften zu erfüllen hätten.

Das sei angesichts der gesellschaftlichen Verderbnis, die Raiffeisen konstatiert, umso notwendiger. Denn „mit den Gütern und Genüssen sind überall auch die Bedürfnisse und Ansprüche gewachsen; auch an den Kindern dieser Zeit bewährt sich die Erfahrung, daß das Menschenherz in dem Besitze und Genusse der vergänglichen Erdengüter keine rechte Ruhe und Befriedigung findet und daß sein Durst nach Glück durch das Trinken aus dem Becher der Welt nicht gestillt, sondern nur immer mehr gereizt wird. [...] Unter der erwerbenden Klasse herrscht weithin eine wilde Jagd nach Mehrerwerbe und Mehrbesitz, und diejenigen, welche ihr Ziel erreicht und zu Reichthümern gebracht haben, fröhnen vielfach verderblicher und anstößiger Verschwendung und Schlemme-rei." (Raiffeisen 1887: 1). Mit dieser Philippika beginnt die fünfte Auflage seines Buches über die Darlehnskassenvereine.

Die Raiffeisen-Vereine waren in seiner engeren und weiteren Heimat durchaus erfolgreich. Zum Beleg dessen müssen zwei längere Passagen zitiert werden. Der Kreisgerichts-Direktor in Neuwied schrieb im Juni 1870 in einem Brief an Raiffeisen, wonach die Berichte der einzelnen Richter bezeugten, „daß die wohlthätige Einwirkung der ländlichen Darlehnskassen-Vereine im hiesigen Gerichtsbezirke in allen gerichtlichen Angelegenheiten schon jetzt unverkenn-bar ist [...]. Die Bagatell-Klagen, nothwendigen Subhastationen[2], Executionen und Hypotheken-Inscriptionen, insbesondere aus Judikaten, haben gerade in den Theilen des Gerichtsbezirkes, welche sich der Wirksamkeit der Vereine er-freuen, nicht unerheblich abgenommen. Haben auch andere Momente auf die-ses Resultat gleichzeitig Einfluß ausgeübt, so ist es doch unzweifelhaft, daß die Thätigkeit der Credit-Vereine im Wesentlichen die Erzielung dieser erfreulichen Erfolge vermittelt hat. Bei der Abnahme der Prozeß-Sachen unter 50 Thalern[3] ist es insbesondere aufgefallen, daß diejenigen Klagen, welche aus einem meh-rere Jahre hindurch fortgesetzten Handelsverkehre zwischen Viehhändlern und Landleuten herrührten, in den letzten 11 ½ Jahren fast gänzlich ausgeblieben sind, während dergleichen Klagen früher häufig zur Verhandlung kamen. Es läßt sich diese Erscheinung nur dadurch erklären, daß es früher den Landleuten an Mitteln fehlte, sich mit einer vollen Auszahlung ihrer Schuld von diesem Ver-kehre loszumachen und daß jetzt die Darlehnskassen-Vereine überall die Gele-genheit gegeben haben, die dazu nothwendigen Summen zu beschaffen." (Raiffeisen 1872: Vorwort).

Hinsichtlich vor allem ihrer Solidität gerieten die Vereine Raiffeisens 1873/74 ins Gerede, weshalb der preußische Landwirtschaftsminister eine dreiköpfige Enquete-Kommission einsetzte, die die Solidität und die Wirksamkeit der Ver-eine untersuchen sollte. Sie kam insgesamt zu einem sehr positiven Ergebnis: „Von vornherein tragen wir kein Bedenken, auszusprechen, den bei weitem die Mehrzahl der von uns untersuchten Vereine auf uns gemacht hat, ein überwie-gend günstiger gewesen ist und daß die noch vor kurzem überaus traurigen Kreditverhältnisse der kleinen Landwirte, aus welchen die Vereine größtenteils bestehen, durch dieselben wesentlich verbessert sind, der gegenwärtige Zu-stand der Vereine auch unseres Erachtens bei ihrem wesentlich ländlichen Cha-rakter zu keinen ernstlichen Bedenken in bezug auf ihre Solvenz Veranlassung gibt, und daß, wenn auch hier und da in denselben unverkennbare Mängel sich finden, deshalb doch unserer Ansicht nach nur eine weitere Vervollkommnung, nicht aber eine völlige Verwerfung der ganzen Einrichtung in Frage kommen kann." (Seelmann-Eggebert 1928: 290f., vgl. auch Löll 1878: 13ff.). Diese Erfolge veranlassten denn auch wohl den preußischen Landwirtschaftsminister Raiffei-

---

[2] Zwangsversteigerungen wurden damals Subhastationen genannt.
[3] Nach heutiger Kaufkraft etwa 1.300 Euro (berechnet nach Bundesbank 2017).

sen 1880 zu beauftragen, „die Notstandsbezirke Schlesiens zu bereisen, um ein Gutachten" zu erstellen. Raiffeisen kam dem nach. (Vgl. Zeidler 1893: 296).

c) Die Prinzipien der Raiffeisenvereine

Die genossenschaftliche Entwicklung der Gründungen Raiffeisens geschah nach und nach. Trial and error war, wie wir gesehen haben, das Verfahren Raiffeisens dabei. Am Ende bestand für ihn Klarheit darüber, nach welchen Prinzipien die Vereine konstituiert sein sollten. Er hat darüber auch veröffentlicht. Im Zentrum dessen steht sein Buch, das in erster Auflage 1866 erschienen ist. Sein voller Titel lautete: „Die Darlehnskassen-Vereine als Mittel zur Abhilfe der Noth der ländlichen Bevölkerung, sowie auch der städtischen Handwerker und Arbeiter. Praktische Anleitung zur Bildung solcher Vereine, gestützt auf sechzehnjährige Erfahrung, als Gründer derselben" (Raiffeisen 1966). Das Buch erfuhr mehrere Auflagen, die ersten mit kleineren und größeren Veränderungen des Texts (und auch des Titels). Daneben hat Raiffeisen nahezu allein alle Seiten seiner 1879 im ersten Jahrgang erschienenen Zeitschrift „Landwirthschaftliches Genossenschafts-Blatt" (die Schreibweise änderte sich später) bis zu seinem Tod Anfang 1888 geschrieben. Sonst ist gelegentlich ein Vortrag von ihm im Druck erschienen. Weitere Veröffentlichungen hat er nicht hinterlassen.

Im Vorwort der zweiten Auflage seines Buches, 1872 erschienen, zählt Raiffeisen seine Prinzipien oder Grundsätze auf (vgl. Raiffeisen 1872: Vorwort). Der „Landwirtschaftliche Verein für Rheinpreußen" (der schon 1852 vor Raiffeisen die ersten Winzergenossenschaften initiiert hat) setzte bei seiner Sektion Volkswirtschaft einen Ausschuss ein, dem neben Raiffeisen drei dem Verein verbundene Wissenschaftler angehörten. Der Ausschuss sollte die Raiffeisenschen Grundsätze für ländliche Kreditgenossenschaften in verbindliche Formulierungen gießen. (Vgl. Seelmann-Eggebert 1928: 203f.). Raiffeisen war also in einem engen Netzwerk öffentlicher und halböffentlicher Einrichtungen tätig. In den späteren Auflagen seines Buches (und in seiner Zeitschrift) wiederholte er die Prinzipien, teilweise in geänderten Formulierungen und/oder ergänzt durch andere, für ihn wesentliche Kriterien seiner Vereine. Das Ergebnis der Ausschussarbeit nannte sich Programm und enthielt folgende Grundsätze (vgl. Seelmann-Eggebert 1928: 203f.):

Der Vereinsbezirk soll möglichst klein sei, am besten nur eine Pfarrei umfassen. Nur Einwohner in diesem Bezirk können Mitglieder werden. Doppelmitgliedschaften müssen vermieden werden. Eine spätere Begründung Raiffeisens dazu lautet: „Wohl sind die Vereine dem Namen nach in erster Linie Geldinstitute. Das Geld ist indeß nicht Zweck, sondern nur Mittel zum Zweck. Es bietet das Bindemittel zur dauernden Vereinigung. Diese in der rechten Weise zu ermöglichen, werden dann auch die Vereinsbezirke, unbeschadet der Lebensfähigkeit, möglichst klein abgegrenzt." Der Kirchspiel- oder Pfarrverband habe sich am besten bewährt. „In den meist seit Jahrhunderten bestehenden Pfarrverbänden stehen die Einwohner durch Kirche, Schule und Gemeindeinteressen in engster Beziehung zueinander. [...] Durch die fortwährende Berührung untereinander ist eine ganz genaue gegenseitige persönliche Bekanntschaft vorhanden, welche durchaus nöthig ist, die Vereinsthätigkeit in den angedeuteten Beziehungen wirksam durchzuführen." (Raiffeisen 1879b: 11).

Die Vereine haben auf Solidarhaft zu beruhen. Raiffeisen verdeutlicht später dazu: „Die auf einen kleinen Vereinsbezirk sich erstreckenden Vereine, an welchen vielfach die sämmtlichen oder doch die begütertsten Einwohner betheiligt sind, [...] haften gleichsam mit der ganzen Gemarkung, mit der ganzen Grundliegenschaft für die Schulden des Vereins." (Vgl. Raiffeisen 1882a: 35).

Eigentlich sollten keine Geschäftsanteile und Dividendenzahlung eingeführt werden; falls das aber doch geschehen sollte, waren als Höchstgrenze der Dividende sechs Prozent der Geschäftsanteile festzuhalten. Raiffeisen hält Geschäftsanteile zur „Begründung" der Kreditvergabe für unnötig, da dank der Solidarhaft die Kredite ausreichend gesichert sind. Sehr listig empfiehlt er als Betrag für den Geschäftsanteil, wo es möglich ist, die Null einzusetzen. Denn in manchen deutschen Ländern werde das akzeptiert. (Vgl. Raiffeisen 1887/1923: 46ff.).

Den Vorstandsmitgliedern wird keine Vergütung gezahlt; lediglich der Rendant oder Rechner wird bezahlt. Dem setzt Raiffeisen in einem Vortrag hinzu, es dürfe nur ein „mäßiges" Gehalt sein. (Raffeisen 1888: 4). Weiterhin verdeutlicht er, dass der Rechner der „eigentliche Geschäftsführer" sei (vgl. Raiffeisen 1887/1923: 67ff.).

Die disponiblen Geldmittel der Mitglieder müssen sämtlich sicher und günstig verzinst werden. Ebenso günstig muss ihnen sämtlicher Geldbedarf von ihrem Darlehnskassen-Verein verschafft werden.

Durch Untergenossenschaften oder andere Einrichtungen sollen sowohl in sittlicher als auch in materieller Beziehung die Verhältnisse der Mitglieder verbessert werden. Dazu sagte Raiffeisen 1872: „Aber auch in sittlich-religiöser Beziehung, wir möchten sogar sagen, hauptsächlich, sind die Vereine von der größten Wichtigkeit. Mit zunehmender Verarmung, immer größer werdender Noth, wird in der Regel die Entsittlichung in jeder Beziehung gleichen Schritt halten." (Vgl. Raiffeisen 1872: 16). Später gibt Raiffeisen eine konkretere Interpretation: „Wenn jemand zum leichtsinnigen Schuldenmachen geneigt, nicht haushälterisch ist, das Geld zu unnützen Ausgaben oder gar zur Fröhnung einer Leidenschaft verwendet, so darf ihm vom Vereine kein Geld dargeliehen werden, selbst wenn er den besten Bürgen stellen oder in sonstiger Weise die größte Sicherheit bieten könnte." Die Mitglieder müssten sich eines Darlehens würdig erweisen. „[...] Eingedenk der christlichen Lehre, der Religion der Liebe, soll die Solidarität, das Einstehen Eines für Alle und Aller für Einen, sich nicht allein auf den Geldpunkt, sie soll sich auch auf die Gesammtverhältnisse der Vereinsmitglieder untereinander erstrecken. Diese sollen gleichsam einer erweiterte Familie bilden, in brüderlicher Gemeinschaft leben, in Freud und Leid zusammenstehen, ‚Einer des Anderen Last tragen', sich gegenseitig in jeder Beziehung unterstützen." (Raiffeisen 1879b: 11ff.). Realistischer formuliert, bedeutet das, die soziale Kontrolle sollte möglichst umfassend sein.

Schließlich müssten die Vereine bereit sein, in die Organisation, den Raiffeisenverband einzutreten.

Neben diesen, von der Kommission des „Landwirtschaftlichen Vereins für Rheinpreußen" aufgestellten Prinzipien (von Raiffeisen zu verschiedenen Gelegenheiten ergänzt und interpretiert), hat Raiffeisen noch andere für ihn bedeutsame Grundsätze formuliert.

So stellt er fest, dass der Vorstand in seiner Gesamtheit „eine möglichst genaue Kenntniß von den persönlichen Verhältnissen aller Mitglieder haben" solle (Raiffeisen 1887/1923: 54). Das wäre ein weiteres wichtiges Detail in Hinblick auf die soziale Kontrolle, die die Vergabe von Personalkrediten begleiten würde.

Im Übrigen habe zu gelten: „Dem Vorstande sind alle mit irgend einer Gefahr verbundene Geschäfte ausdrücklich verboten." (Raiffeisen: 1888: 4). Diese Forderung wiederholt er einige Male.

Hinsichtlich der Besetzung der Vorstandspositionen betont Raiffeisen ebenfalls zum wiederholten Male, dass diese Ämter den besitzenden Klassen zuzukommen haben. Denn es bedürfe der „eifrigen Mitwirkung der besitzenden Klasse, also der wohlhabenderen Landwirthe" im Vorstand. (Raiffeisen 1882a: 54). Voller Genugtuung verzeichnet er die Akzeptanz dessen bei den ärmeren Bauern: „Ohne daß irgendwie darauf hingewirkt worden wäre, hat die unbemittelte Klasse stets aus richtigem Taktgefühl wohlhabende Einwohner als Vertrauenspersonen für die Verwaltung gewählt. Würde dies nicht von vorneherein beobachtet, so wäre der sofortige Austritt der Gutsituirten Folge einer solchen Handlungsweise." (Raiffeisen 1887/1923: 21). Tatsächlich würden sich die wohlhabendsten und angesehensten Einwohner an den Vereinsangelegenheiten beteiligen. Sie würden durchweg mit der Geschäftsführung betraut. (Raiffeisen 1883a: 63). Wenn wir uns an die Historiker-Befunde zur dörflichen Sozialstruktur erinnern, dürften sicher Zweifel darüber angebracht werden, ob das Taktgefühl der unbemittelten Klasse die Wohlhabenderen in Amt und Würden bei den Raiffeisen-Vereinen gebracht hat, oder ob es nicht schlichte, gewohnte Unterordnung war.

Die Führungsschicht der Vereine bestand tatsächlich zumindest weitgehend aus Angehörigen der dörflichen Oberschicht. Diese Aussage wird bestätigt bei einer Durchsicht des „Landwirthschaftlichen Genossenschaftsblattes" vom ersten

Jahrgang 1879 bis Anfang 1888, also zu Lebzeiten Raiffeisens, daraufhin, welchen sozialen Rang die darin genannten Personen innehatten. Der Gepflogenheit jener Zeit entsprechend, werden bei Namensnennungen in Protokollen usw. fast immer Titel und Berufsbezeichnungen mitgenannt. Diese Durchsicht erstreckte sich auf Mitglieder von Vereinsvorständen und Teilnehmern bei den Verbandstagen und hatte folgendes Ergebnis (ich verzichte auf die Einzelnachweise):

Bürgerliche Gutsbesiter	10
Gräfliche, freiherrliche Gutsbesitzer	4
Gutsinspektoren	3
Gutspächter	1
Mühlenbesitzer	1
Ländliche Oberschicht	**19**
Pfarrer, Kaplane, Dechanten	16
Rektoren, Lehrer, Wanderlehrer[4]	9
Doktoren, Adelige ohne Zusatz	13
Bürgermeister, Schultheißen	2
Staatsbeamte	3
Kaufleute, Bankangestellte	2
Honoratioren	**45**
Bloße Namen, ohne Zusatz	**12**
Personen insgesamt	**76**

Also können nur maximal 16% der Mitglieder von Vorständen in den Raiffeisen-Vereinen (zu seinen Lebzeiten) wirkliche Bauern gewesen sein. Tatsächlich dürften es wesentlich weniger gewesen sein, möglicherweise nicht ein einziger.

Bei aller Detailfreude bei Raiffeisen, wenn er seine genossenschaftlichen Überlegungen, Organisationsprinzipien, Grundsätze dem Leser darstellt, finden sich nirgends Hinweise auf vorgeschriebene, empfehlenswerte, wünschenswerte Regularien hinsichtlich der Wahlen von Vorständen. Auch die Bedeutung von Wahlen etwa für die dörfliche Gesellschaft wird nicht erörtert. Das demokratische Element von Genossenschaften und in Genossenschaften findet bei Raiffeisen an keiner Stelle statt.

---

[4] für landwirtschaftliche Schulungen

Interessanterweise betont Raiffeisen ausdrücklich, dass Frauen in seinen Vereinen nicht zugelassen seien, denn „diese Geschäfte liegen außerhalb ihrer Sphäre" (Raiffeisen 1887/1923: 26). Das war in seiner Zeit eigentlich nicht nötig, denn ihre Rechte zu eigenen Geschäften waren sowieso höchst eingeschränkt. Aber möglicherweise war es hinsichtlich landwirtschaftlicher Betriebe tatsächlich sinnvoll, diesen Ausschluss zu betonen, denn in der Realität dieser Welt oblag sicher nicht nur die Arbeit zu gleichen Teilen den Frauen, sondern sie mochten durchaus auch tatsächlich an den betrieblichen und geschäftlichen Entscheidungen hinsichtlich des Hofes beteiligt gewesen sein.

Alles in allem bieten die Raiffeisen-Vereine ein außerordentlich paternalistisches Bild, abseits allem gesellschaftlichen Fortschritts. Schulen der Emanzipation und der Demokratie wie bei Schulze-Delitzsch sind sie jedenfalls nicht.

d) Raiffeisens Organisationen

Die Vereine verzeichneten Liquiditätsschwankungen je nach den besonderen Bedingungen bei ihren Mitgliedern hinsichtlich deren Geldbedarf einerseits und den baren Möglichkeiten zur Geldanlage andererseits. Diese Schwankungen machten sich bei den einzelnen Vereinen zeitlich unterschiedlich bemerkbar. Das machte einen Ausgleich zwischen ihnen sinnvoll und geradezu notwendig. (Vgl. Raiffeisen 1879c: 50).

Nach vielerlei Überlegungen und Modellversuchen, an denen sich auch staatliche Behörden beteiligten (vgl. Richter 1966: 42f.) wurde im Juni 1872 in Neuwied die „Rheinische landwirtschaftliche Genossenschaftsbank" von 11 Darlehnskassen-Vereinen gegründet. Sie hatte die Rechtsform einer Genossenschaft. Mitglieder konnten aber auch andere landwirtschaftliche Genossenschaften werden. Voraussetzung war grundsätzlich die Anerkennung der Prinzipien Raiffeisens. Geschäftsanteile waren nicht vorgesehen; nach außen galt die Solidarhaft mit dem gesamten Vermögen. Räumlich war sie auf dem Gebiet des Landwirtschaftlichen Vereins für Rheinpreußen tätig. Die Bank setzte regionale Inspekteure und Kontrolleure ein, die ehrenamtlich arbeiteten. Sie hatten laut Satzung unter anderem den Mitgliedsvereinen „in ihrer Wirksamkeit die nöthigen Anleitungen zu ertheilen und über deren Geschäftsführung die Controle auszuüben". Das waren äußerst weitreichende Befugnisse. (Vgl. „Statuten" 1872: passim).

Die Bank war die erste Zentralgenossenschaft in Deutschland. Nun sah allerdings das Genossenschaftsgesetz in seiner damaligen Fassung die Bildung von Zentralgenossenschaften nicht vor. Dies und die Tatsache, dass die Mitglieder des Vorstandes nicht Mitglieder der Genossenschaft waren (und es auch nicht sein konnten), veranlasste Schulze-Delitzsch zu einer Interpellation im Reichstag. Die Bank wurde in eine Aktiengesellschaft mit dem Namen „Landwirthschaftliche Central-Darlehnskasse" umgewandelt. (Vgl. Richter 1966: 56f). Ihre

Aufgaben blieben die gleichen; in den Worten Raiffeisens: „Die auf Aktien gegründete Central-Darlehnskasse ist keine Bank der gewöhnlichen Art. Sie soll den Ausgleich zwischen ‚Geldüberfluß und Geldmangel' der einzelnen Vereine herbeiführen." (Raiffeisen 1879c: 81). Er betonte ausdrücklich die Notwendigkeit der Spekulationsvermeidung: „Wie bisher, so muß auch in Zukunft jede Speculation, auch wenn ein noch so hoher Gewinn in sicherer Aussicht stände, vermieden werden und es muß jedes gewagte Geschäft beharrlich ausgeschlossen werden." (Raiffeisen 1882b: 34). Raiffeisen tat das Seine, um die Bank finanziell auf der sicheren Seite zu wissen: „In seinem Bestreben, eine rasche Verstärkung des Reservekapitals herbeizuführen, wandte sich Raiffeisen 1882 in einem Immediatgesuch an Kaiser Wilhelm I. und bat ihn um einen Staatszuschuß für die Zentral-Darlehnskasse." Er erhielt daraufhin für diesen Zweck 30.000 Mark[5] als so genanntes Gnadengeschenk. (Vgl. Richter 1966: 58f.).

Schon zuvor, im Juni 1877, hatte Raiffeisen den „Anwaltschaftsverband ländlicher Genossenschaften" als Verband seiner Kreditgenossenschaften gegründet (vgl. Raiffeisen 1881b: 74). Der Verband sollte die üblichen Aufgaben wahrnehmen, aber „besonders auch die gemeinschaftlichen Bezüge der notwendigsten Wirtschaftsbedürfnisse und den gemeinsamen Verkauf der selbstgewonnenen Produkte etc." herbeiführen. (Vgl. „Anwaltschaftsordnung" 1879: 83f.). Daraus ist ein umfangreicher Landhandel entstanden. Später – 1883 – wurde die obligatorische Revision eingeführt. Die Verbandsmitglieder hatten sich nun „der Controle durch die Anwaltschaft zu unterwerfen und jederzeit die durch letztere anzuordnenden Revisionen zuzulassen". Raiffeisen begründete die Satzungsänderung mit den Missständen, die sich bei manchen Darlehnskassen in den Jahren 1880/81 ergeben hätten (vgl. Raiffeisen 1883b: 49 u. 62) – offensichtlich trotz der Kontrolle durch die Zentralbank.

Mitglieder des Anwaltschaftsverbandes konnten zunächst nur solche Vereine werden, die ausdrücklich die Grundsätze Raiffeisens befolgten. Der Vereinstag von 1881 beschloss dann eine Erweiterung auch auf „sonstige landwirthschaftliche Genossenschaften", also Winzer- oder Molkereigenossenschaften usw. (Vgl. Raiffeisen 1881a: 51). Denn sie waren nicht den Risiken der Kreditvergabe ausgesetzt wie die Darlehnskassen.

Übrigens war Raiffeisen sowohl Anwalt des Verbandes als auch Direktor der Bank (von einer kurzen Unterbrechung abgesehen). Der Verband wurde 1886 der Bank als eigenständige Abteilung eingegliedert. In den achtziger Jahren kam es zur Bildung von Unterverbänden. (Vgl. Richter 1866: 61f.).

Schließlich wurde 1881 die offene Handelsgesellschaft „Raiffeisen, Faßbender & Cons." gegründet, die nach dem Ausscheiden Faßbenders zwei Jahre später als „Raiffeisen & Cons." firmierte. Sie soll hier nicht weiter erörtert werden. Sie war, wie Faust bemerkt, „eine eigenartige Firmengründung, deren Sinn zu

---

[5] Nach heutigem Geld etwa 330.000 Euro (berechnet nach Bundesbank 2017).

Raiffeisens Zeit und auch später nicht immer voll begriffen worden ist." (Vgl. Faust 1977: 360). Ich muss gestehen, trotz der recht ausführlichen Darstellungen bei Faust und bei Richter, hat sich auch mir die Sinnhaftigkeit dieser Konstruktion nicht erschlossen, zumindest nicht vollständig. Jedenfalls hatte sie unter anderem den eigentlich dem Anwaltschaftsverband zugeschriebenen Warenhandel zu betreiben. Sie hatte im Übrigen auch den vorher von Raiffeisen privat betriebenen Weinhandel übernommen, aber bald wegen der Konkurrenz zu den Winzergenossenschaften aufgegeben. (Vgl. Faust 1977: 360ff. und Richter 1966: 63ff.).

Der Anwaltschaftsverband hatte Mitte 1888 (also etwa beim Tode Raiffeisens) 391 Mitglieder mit wiederum rund 46.000 Einzelmitgliedern (vgl. Protokoll 1888: Nr. 7). Nach einem kurzen Intermezzo wurde Raiffeisens Sohn Rudolf, zum Anwalt des Verbandes bestellt. Er hatte sich in Spanien als Buchhändler „betätigt" (war also möglicherweise gar nicht so lebensuntüchtig, wie er von den Anhängern seines Vaters beschrieben wird) und war schon 1887 zurückgekehrt und „in die Neuwieder Organisation eingetreten." Nach den Andeutungen bei Faust – er bleibt denkbar unkonkret – war Rudolf Raiffeisen unfähig, sein Amt auszuüben, es sei zu heftigen Konflikten gekommen, in denen der junge Raiffeisen sich besonders niederträchtig benommen habe. Nach drei Jahren wurde er vom Aufsichtsgremium abgesetzt. (Vgl. Faust 1977: 368f.).

3. Religiöse, politische, gesellschaftliche Dimensionen bei Raiffeisen

a) Seine religiösen Beschwörungen

Raiffeisen beschwört ständig und immerzu die Notwendigkeit christlichen Glaubens, in nicht nachlassender Intensität auch die immer währende Aufrichtigkeit seines persönlichen Glaubens. Er tut das nicht nur in privaten Dokumenten, wie Briefen oder Notizen, sondern auch in seinen Büchern, in den Artikeln seiner Zeitschrift, in Vorträgen und sogar in den Rechenschaftsberichten gegenüber seinem Verband. So heißt es zum Beispiel gleich zu Beginn seines Buches (hier zitiert nach der Auflage von 1887): „Der Herr und Heiland gibt selbst die Directive an, indem er in seiner Bergpredigt sagt: ‚Trachtet am ersten nach dem Reiche Gottes und nach seiner Gerechtigkeit, so wird euch alles (nämlich die irdischen Bedürfnisse) zufallen' oder, wie es nach einer anderen Uebersetzung heißt: ‚Suchet am ersten das Reich Gottes und seine Gerechtigkeit, und jenes alles soll euch zugegeben werden.' Es handelt sich also in erster Linie darum, nicht nach vergänglichem Erdenglück, sondern nach den ewigen himmlischen Gütern zu trachten, wozu uns Christus selbst durch Lehre und Beispiel den Weg gezeigt hat." (Raiffeisen 1887:1f.).

Dass er hier das Bibelzitat gleich in zwei leicht differierenden Übersetzungen bietet, ist nur ein Beispiel für Raiffeisens fast zwanghaft erscheinende Manie, seine Glaubenssätze ständig auszubreiten. Ob dahinter wirkliche Glaubensstärke und Glaubenstiefe steht, mag zweifelhaft sein. Angesichts der zerrütteten Familienverhältnisse, in denen Raiffeisen aufwuchs, also des Mangels des Kindes an der Geborgenheit in väterlicher Zuneigung, könnte dahinter auch eine nicht auszuräumende quälende Furcht zu finden sein – wirkliche Gottesfurcht (mit der Betonung auf Furcht). Da es mir nicht um eine Biografie geht, will ich diese Frage auf sich beruhen lassen und gewissermaßen an der Oberfläche der ständigen Glaubensbetonung Raiffeisens bleiben. Nur ein Beispiel sei noch gegeben, das zeigt, wie sehr er sich selbst eingesponnen hat in diese von ihm betonte Nähe zu seinem Gott. Er hatte sich Anfang der achtziger Jahre gegen Verdächtigungen zu wehren, er hätte seine privaten Firmen unzulässiger Weise mit den Verbandsangelegenheiten verquickt. In einem Brief an seine Tochter Caroline in Schlesien schreibt er dazu: „Ich habe meine Thätigkeit gegründet auf den Ausspruch meines Herrn und Heilands Matth. 25,40: ‚Was ihr gethan habt einem dieser meiner geringsten Brüder, das habt ihr mir gethan.' Ich habe diese Geschäfte gleichsam für Gott geführt [...]." (Vgl. Raiffeisen 1986: 122ff. [Faksimile des Briefs] u. 128ff. [Transkription]). Das bezog sich auch auf das Weingeschäft, aus dem er sein Zubrot bezog.

Nun zeigt schon die Tatsache, dass er seine religiösen Aussagen engstens in seine genossenschaftsrelevanten Texte einwebt, dass Religion und Glauben für Raiffeisen zentrale gesellschaftliche Elemente sind oder zumindest zu sein haben. Er sieht nämlich den gesellschaftlichen Zusammenhalt gefährdet. Das läge an der sich umgreifenden Selbstsucht, am wachsenden Unglauben, der sogar zur Verachtung der Religion führe. (Vgl. z. B. Raiffeisen 1872: 313 oder Raiffeisen 1888: 11). „Wenn nicht Einhalt geschieht, so gehen wir den unheilvollsten Krisen und Erschütterungen entgegen. Es ist die höchste Zeit, dem auf falscher Fährte befindlichen Zeitgeiste eine andere Richtung zu geben, ein anderes Streben hervorzurufen. Welcher Art dies sein soll, kann für einen Christen nicht zweifelhaft sein." (Raiffeisen 1887/1923: 2).

Albert Schäfer, Westerwälder regionaler Hobbyhistoriker, hat sehr akribisch auch zu Raiffeisen geforscht (vgl. Schäfer 2010: passim). Hinsichtlich des Welt- und Himmelsbildes Raiffeisens kommt er zu dem Ergebnis, dessen endliche Vision sei ein Gottesstaat. Die in der Bibel erhobenen Ansprüche zu sozialem Verhalten sollten von der Gesellschaft verinnerlicht werden. „Hier deutet sich das Bild des traditionsbehafteten idealen Gottesstaates an." (Schäfer 2010: 23). Es gibt einen deutlichen Hinweis, dass Schäfer durchaus nicht daneben liegen könnte. Willy Krebs zitiert in seiner „Festgabe" zum hundertsten Geburtstag Raiffeisens aus einem Vortrag, den dieser Ende der fünfziger Jahre in einem privaten Kreis gehalten hat. Thema war die Armenfürsorge. Staatlicherseits hält Raiffeisen sie offenbar für unnötig, denn: „Wir haben ein Armen-Strafgesetz. Es ist erlassen von dem Aller-Allerhöchsten Gesetzgeber. Es steht in der heil. Schrift. Es wird nur ein Paragraph daraus erwähnt. Er sagt mehr, als alle weltlichen Strafgesetze und wirkt mehr. Er allein würde genügen. Er heißt: ‚So jemand nicht will arbeiten, der soll auch nicht essen.' (2 Thess. 3.10). Ja, dieser Paragraph würde genügen. Der Hunger würde die Arbeitslust und Sparsamkeit wecken. Und sollte er's nicht, so wäre es besser, man überließe den Verirrten demjenigen, ohne dessen Wissen kein Haar vom Haupte fällt, man ließe ihn hungern, und wenn er wollte, verhungern." So weit, so schlecht. Anschließend kommt aber die Volte, die den Weg zum Gottesstaat weisen könnte: „Aber nicht allein ein Armen-Strafgesetz, wir haben auch ein Armengesetz. Es ist tief eingegraben in jedes Menschen, jedes Christen Herz, und wer auf die Stimme seines Herzens hören will, der kennt es. Wir haben ein Armengesetz, es bringt nicht Fluch, nein, nur Segen. Es ist wiederum erlassen von dem Aller-Allerhöchsten Gesetzgeber. Es hat nur einen Paragraphen, und der sagt mehr, als 100 Paragraphen des ausgearbeitsten rechtlichen Armengesetzes. Es heißt: ‚Du sollst deinen Nächsten lieben als Dich selbst.' (Luc. 10,27.)". Am Rande sei erwähnt, dass Krebs sich angesichts dieser Selbstgerechtigkeit zu dem seltsamen Kommentar veranlasst sieht: „Sein vor Liebe überquellendes Herz geht mit ihm durch. Ein warmer Hauch aus den Tiefen reinster Menschenliebe weht uns aus diesen vergilbten Blättern entgegen." (Krebs 1918: 92f.).

Aber wie auch immer, ob der Gottesstaat tatsächlich die zentrale Vision bei Raiffeisen war oder nicht, seine Vereine haben jedenfalls auf deutlich wahrnehmbarem christlichen Fundament zu stehen. Vor dem Verbandstag seiner Organisation sagt er 1885: „Der Herr und Heiland, der ewige Richter, wird die

Frage an uns stellen: ,Habt ihr die Hungrigen gespeist, die Durstigen getränket, die Kranken und Gefangenen besucht?' ,Was ihr getan habt einem dieser meiner geringsten Brüder, das habt ihr mir getan.' Dieser Ausspruch des Heilandes bildet die Grundlage der Darlehnskassen-Vereine und deren ganzer Organisation." (Raiffeisen 1922: 11). Das ist eine deutliche Aussage. Sie wiederholt er immer wieder (vgl. z. B. Raiffeisen 1887: 3 oder 1888: 13).

Nun erntete er mit seinen tatsächlich oder vermeintlich (das wäre von Gläubigen zu entscheiden) christlichen Ansprüchen beileibe nicht nur Zuspruch. So berichtet Faßbender, dass Zuhörer eines Vortrages Raiffeisens in Stuttgart murrend den Saal verlassen hätten, weil er allzu nachdrücklich seine Christlichkeit auf dem Podium verkündete (vgl. Faßbender 1902: 33). Vor allem aber hat sich die weitaus größere Organisation landwirtschaftlicher Genossenschaften entwickelt, weil es überzeugte Genossenschafter gab, die sich zumindest zum Teil durchaus auch als bewusste Christen verstanden, die aber eine wirtschaftlich aktive Einrichtung nicht mit Glaubenssätzen befrachten wollten. Dazu wird noch zu berichten sein.

Zuweilen konnte sogar Raiffeisen selbst ein wenig zurückweichen. Er gab zwar zu wiederholten Malen seiner Überzeugung Ausdruck, dass seine Mitarbeiter „glaubenstreue" Leute sein müssten. Denn wer nicht aus höheren Motiven mit ihm arbeite, sei zur Mitarbeiterschaft auf Dauer untauglich (vgl. z. B. Faßbender 1902: 31). Andererseits sagte er aber auch, dass „solche Mitarbeiter, welche diesen [seinen] Standpunkt nicht einzunehmen vermöchten, keineswegs ausgeschlossen" seien (Raiffeisen 1880: 50).

Sein großes Ziel formuliert Raiffeisen in einem Brief, der Teil einer intensiven Diskussion mit staatlichen und halbstaatlichen Stellen über die Errichtung einer genossenschaftlichen umfassenden Versicherungsgesellschaft war: „Nach meiner Überzeugung hat das deutsche Volk eine große Mission zu erfüllen, nämlich die christlichen Grundsätze zur Tat und zur Wahrheit zu machen und darin den anderen Völkern ein Vorbild zu werden." (Zit. nach Richter 1966: 47).

Es ist geradezu selbstverständlich, dass seine Vereine auch den Zweck haben, die Verhältnisse ihrer Mitglieder in sittlicher Beziehung zu verbessern (vgl. als Beispiel Raffeisen 1888: 4). Louis Löll aus Franken, Kreissekretär des dortigen Landwirtschaftlichen Vereins, Lehrer an der landwirtschaftlichen Schule und dem Lehrerseminar in Würzburg sowie Redakteur des „Fränkischen Landwirth" (laut Angaben auf der Titelseite seines Büchlein) hatte 1878 für einen Vergleich der Raiffeisen-Vereine mit den Kreditgenossenschaften Schulze-Delitzschs gebeten, Raiffeisen möge die Unterschiede beider Systeme benennen. Raiffeisen zählte in seiner Antwort zu sechs Punkten Unterschiede auf. Unter Punkt 5) sagt er, seine Vereine machten „es sich zur Aufgabe, durch Bildung von Untergenossenschaften und durch etwaige sonstige Einrichtungen, sowohl in sittlicher als materieller Beziehung die Verhältnisse der Mitglieder möglichst zu verbessern". Demgegenüber seien die „Schulzeschen Vereine" „nur Banken und begnügen sich mit den erwähnten Geldgeschäften." (Vgl. Löll 1878: 7). Nur am Rande sei bemerkt, dass Schulze-Delitzsch nichts Geringeres beabsichtigte, als mit seinen Genossenschaften dazu beizutragen, die soziale Frage zu lösen (vgl. Kaltenborn 2012: passim).

Raiffeisen hat denn auch schon zu Lebzeiten ebenso wie seine Organisation nach seinem Tode intensive Unterstützung aus kirchlichen Kreisen erfahren, und zwar in beiden großen Konfessionen. So stellte der oldenburgische Gesandte in Preußen, v. Eucken-Addenhausen, fest, „daß kein Berufsstand treuere, erfolgreichere Führer der Raiffeisenschen Darlehnskassenvereine bisher gegeben hat, als der geistliche Stand." (Vgl. Wuttig 1907: 20). Das paarte sich mitunter ganz zwanglos mit nationaler Bauernideologie. So zum Beispiel, wenn der gleiche Wuttig, der den oldenburgischen Gesandten zitiert, verkündet, das Ziel der Raiffeisen-Genossenschaften sei die „Schaffung eines einigen, freien, frommen, gesegneten deutschen Bauernstandes." (Wuttig 1907: 84).

Eine noch deutlichere Sprache führte – immerhin auf einem Vereinstag, dem von 1895, der Raiffeisen-Organisation – auf der katholischen Seite der „Hausprälat Seiner Heiligkeit des Papstes Leo XIII.", der Monsignore und Doktor Andreas Schlick: „Was diese Vereine in erster Linie erstreben und in ganz wirksamer Weise erreichen, ist die Erhaltung des Bauernstandes. Dies Stand aber bildet – Niemand wird mir das bestreiten wollen – den Kern des deutschen Volkes, das Fundament, auf dem das Wohl des Staates und aller Stände im Staat beruht; er ist das festeste Bollwerk, die sicherste Schutzwehr gegen alle Feinde von innen und von außen. [...] Es besteht also kein Zweifel, auf der Landwirthschaft beruht das Wohl des ganzen Staates wie auf seinem Fundamente. Und dieses Fundament zu stützen, zu halten und zu festigen ist die Aufgabe, welche die Raiffeisenvereine sich gestellt haben. Auch gegen äußere Feinde des Reiches ist unser Bauernstand die sicherste Schutzwehr. Schauen Sie nur auf die Consciptionslisten[6]. Eine wie große Zahl socialistischer Schreier finden Sie da, die nicht einmal im Stande sind, des Königs Rock zu tragen und das Schwert zu führen. Reichskrüppel aber werden das deutsche Reich gegen seine zahlreichen Feinde zu seiner Linken und Rechten nicht retten." (Schick 1895: 11f.). Von hier führt eine direkte Linie in die Zeit der Weimarer Republik. Wir werden später ihren Endpunkt sehen.

b) Abwehr der „Socialdemokratie"

Wir hatten schon festgestellt, wie sehr Raiffeisen Anspruchsdenken und Genusssucht zerstörerisch in der Gesellschaft am Werk sah. Das war für ihn nun nicht nur in der bäuerlichen Welt der Fall, sondern auch in der städtischen, in der industriellen Welt. So sagt er: „Es bedarf wohl nicht der Erwähnung, daß die Ansprüche der Arbeiter nicht nur vielfach weit über die Grenzen der Beschei-

---

[6] Die Listen der zum Wehrdienst Einberufenen.

denheit, sondern der Gerechtigkeit hinaus gehen, daß Ansprüche an das Leben und seine Genüsse und dadurch Ansprüche auf Löhne gemacht werden, welche die Arbeitgeber zu bewilligen bald nicht im Stande sein werden." (Raiffeisen 1872: 312).

Hinsichtlich der Situation eines Arbeiters des Jahres 1872 von Ansprüchen an Genüsse zu sprechen, ist schon einigermaßen verwunderlich. Für das Jahr 1873 ist berechnet worden, dass der durchschnittliche Tageslohn eines Arbeiters in der Essener Gussstahlfabrik von Krupp bei 3,74 Mark lag. Dem würden heute knapp 24 Euro entsprechen[7]. Dahinter verbarg sich aber ein zwölfstündiger Arbeitstag mit ständigem Kampf gegen Lärm, Hitze, Staub und stickiger Luft bei endlos monotonen Arbeitsbewegungen und unter dem Regiment rigoroser Fabrikordnungen und ständiger Disziplinierung. Und um diesen Lohn gesichert zu sehen, bedurfte es kontinuierlicher Arbeitstätigkeit und anhaltender Gesundheit. (Vgl. Wehler 1995: 144ff.). Das lässt nur einen Schluss zu: Entweder war Raiffeisen bei seinem Lamento völlig ahnungslos hinsichtlich der industriellen Verhältnisse oder aber mit seiner viel gerühmten Menschenliebe ist es nicht weit her.

Andererseits sieht er die für ihn bedrohliche Gefahr, dass die „unbemittelte, nothleidende Klasse der Bevölkerung", wenn sie „ohne Aussicht auf eine auf eine bessere Existenz, und bei dem leider zunehmenden Unglauben auch ohne Hoffnung auf ein besseres Jenseits" bleibt, verzweifelt und „von der Umsturzparthei für ihr abscheuliches, den Ruin der Gesellschaft bezweckendes Treiben immer mehr benutzt" wird. Die Warnungen vor der Umsturzpartei, „der verderblichen Wirksamkeit der Socialdemokratie" (vgl. Raiffeisen 1881c: 3) wiederholen sich immer wieder. In seiner Zeitschrift ist schon in der dritten Ausgabe des ersten Jahrganges ein eigener Artikel der „Socialdemokratie" gewidmet. „Die socialdemokratische Pathei ist entschieden gefährlich und muß bekämpft werden", heißt es darin (vgl. Raiffeisen 1879d: 18). In diesem Zusammenhang weist Raiffeisen der Religion, genauer: dem Christentum, eine dezidiert politische Aufgabe zu. Man dürfe den unteren Volksklassen, sagte er auf dem Vereinstag von 1882, „die Hoffnung auf ein besseres Jenseits nicht nehmen", „weil sie sonst ihr hartes Schicksal hienieden nicht mehr ruhig ertragen und der Umsturzparthei in die Arme getrieben würden". (Raiffeisen 1882a: 54). Solche Äußerungen finden sich bei Raiffeisen bis an sein Lebensende (vgl. z.B. Raiffeisen 1887: 1 oder Raiffeisen 1888: 12).

Offensichtlich handelt es sich dabei für ihn keinesfalls um eine politische Aussage. Er hat oft genug betont, für politische Äußerungen sei bei seinen Genossenschaften kein Platz. So zum Beispiel 1881 in einem Artikel mit dem Titel „Zum Genossenschaftswesen". Darin heißt es: „Wir waren stets ängstlich bemüht und werden es auch für die folge so halten, jede politische oder confessionelle Agitation von unserer genossenschaftlichen Thätigkeit fernzuhalten." (Raiffeisen

---

[7] Berechnet nach Bundesbank 2017.

1881b: 74f.).

Ein Instrument gegen diese Gefahren stellen nun die Darlehnskassen-Vereine dar, denn „sie wirken höchst conservativ und wohltuend". (Raiffeisen 1879e: 2). Der Hinweis auf die hilfreiche Funktion seiner Genossenschaften im Kampf gegen die Sozialdemokratie findet sich auch in seinem Buch (vgl. Raiffeisen 1887/1923: 34), wobei die entsprechende Auflage von der Raiffeisen-Organisation noch 1923 unverändert und unkommentiert herausgegeben worden ist. Aber auch zwischen diesen beiden Jahren 1887 und 1923 ist in der Raiffeisen-Organisation die völlige Ablehnung der Sozialdemokratie lebendig geblieben. So wird in der Darstellung eines Kongresses der Inneren Mission über die Genossenschaftsfrage 1896 ein – namentlich nicht genannter – Referent vom Raiffeisenverband mit der Aussage zitiert, die Sozialdemokratie gehöre zu den „Hauptfeinden des Bauernstandes" (vgl. Bode 1896: 6).

Hierbei fallen Parallelen zur großen, zur Bismarckschen Politik auf, und zwar zu seiner 1881 beginnenden Sozialpolitik, mit den am Ende eingeführten Renten-, Kranken-, Invaliditätsversicherungen. Golo Mann nennt als Motiv: „Die Arbeiter, denen der Staat etwas Handfestes gab, sollten auf diese Weise mit ihm versöhnt und von ihren eigenen politischen Führern getrennt werden." (Mann 1979: 447). In seiner umfassenden Bismarck-Biografie schreitet Lothar Gall einen etwas größeren Kreis ab: „Zwar gab es für Bismarcks Politik auf diesem Gebiet eine ganze Reihe von sachlichen Beweggründen, auch Antriebe ethisch-moralischer Natur, die den Traditionen einer christlich-konservativen Staatsidee und eines patriarchalisch akzentuierten sozialen Verantwortungsgefühls entstammten." Ich hatte weiter vorn Bismarck zitiert, der seine Politik „praktisches Christentum" nannte. Die innere Verwandtschaft Raiffeisens zu diesen Motiven ist deutlich, auch zum weiteren Beweggrund, den Gall anführt, nämlich dass es Bismarck in seiner Sozialpolitik darum ging, die Parteienbasis ihrer Partei entfremden. (Gall 1980: 604f.).

c) Die Nähe zur Obrigkeit

Die andere, brutale Seite der Bismarckschen Politik gegen die Sozialdemokratie, die in den Sozialistengesetzen deutlich wurde und die die sozialdemokratische Partei einer massiven staatlichen Unterdrückung aussetzte, wurde, was Wunder, von Raiffeisen akzeptiert. Er bedauert indes, dass die „Partei der socialen Revolution" in den unteren Klassen „trotz aller gesetzlichen Eindämmung für ihre auf den Umsturz unserer ganzen Staats- und Gesellschaftsordnung gerichteten Pläne immer noch wachsenden Anhang" findet. (Raiffeisen 1887: 1).

Raiffeisen ist selbstbewusst genug, seinen Part in der gegenseitigen Unterstützung zwischen seiner Organisation und den in Preußen und im Reich regierenden politischen Mächten recht hoch anzusiedeln. So stellte er 1882 auf dem Vereinstag fest, Anwaltschaftsverband, Ausgleichsbank und die mit denen verbundene Firma, „Raiffeisen, Faßbender & Cons.", „bilden die Grundlage einer Organisation", die geeignet sei, „vermöge ihres conservativen Charakters eine kräftige Stütze gesundes Staats- und christlich-religiösen Lebens zu werden." (Raiffeisen 1882a: 53). Auf der anderen Seite tun die Behörden das Ihre, um ihn und seine Organisation zu unterstützen. Die deutlich raschere Vermehrung der Darlehnskassen-Vereine seit etwa 1880, wurde, wie Zeidler feststellt, „besonders angeregt und unterstützt durch das Wohlwollen der Regierungs- und Verwaltungsbehörden, welche entweder der Agitation unmittelbar Vorschub leisteten, oder ihre Entstehung [die der Vereine] durch Befreiung oder Erleichterung von Steuer, Gebühren u. s. w. begünstigten." (Zeidler 1893: 295).

Wie weiter oben schon dargestellt, hatte der „Landwirtschaftliche Verein für Rheinpreußen" schon seit 1866 immer wieder die Bemühungen Raiffeisens massiv unterstützt (vgl. auch Zeidler 1893: 130). Es blieb aber nicht bei der organisatorischen Unterstützung oder den materiell wirksamen Hilfen durch Steuererleichterungen. Seit 1880 gewährte der preußische Landwirtschaftsminister, Lucius, auf Antrag des Präsidenten des Landwirtschaftlichen Vereins für Rheinpreußen dem Raiffeisenverband einen jährlichen Zuschuss von 3.000 Mark[8] (vgl. Raiffeisen 1880: 49f.). Die übrigen Einnahmen des Verbandes flossen aus Beiträgen, Revisionsgebühren, erstattete Kosten der – auf Veranlassung des preußischen Landwirtschaftsministers unternommenen – Reisen Raiffeisens vor allem nach Schlesien, dem Verkauf der Zeitschrift und dem „Zuschuß des Anwaltes aus seinen Privatgeschäften". Einnahmen und Ausgaben des Verbandes waren dadurch annähernd ausgeglichen, denn mit dem staatlichen Zuschuss konnte Raiffeisen 1880 über 35% der Ausgaben des Verbandes bestreiten. (Vgl. Raiffeisen 1881a: 51). Im Jahr darauf waren es aufgrund niedrigerer Ausgaben sogar rund 44% (vgl. Raiffeisen 1882a: 55). Daraus kann geschlossen werden, dass der Raiffeisenverband ohne die finanzielle Hilfe des preußischen Staates nicht oder zumindest kaum handlungsfähig gewesen wäre.

Das Wohlwollen des Staates zeigte sich auch in der Anwesenheit hoher Vertreter des Staates auf den Verbandstagen. Noch einmal sei der Vereinstag von 1882 als Beispiel genommen: Auf Veranlassung des Landwirtschaftsministers und im Auftrag des Oberpräsidenten der Rheinprovinz[9] war ein Regierungsrat namens Giehlow anwesend und im Auftrag der „Kaiserlichen Regierung zu Straßburg"[10] ein Regierungs-Assessor Peucer.

Auch die Ausgleichsbank Raiffeisens, die „Rheinische landwirtschaftliche Genossenschaftsbank" erhielt schon kurz nach ihrer Gründung Unterstützung durch die „Rheinische Provinzialhilfskasse", eine unter staatlicher Kontrolle

---

8   Nach heutigem Geld etwa 30.000 Euro (nach Bundesbank 2017 berechnet).
9   An der Spitze der Verwaltung der preußischen Provinzen standen Oberpräsidenten, bei der Ebene darunter, den Regierungsbezirken, waren es Regierungspräsidenten.
10 Das war die Verwaltungsspitze der direkt dem Kaiser unterstellten von Frankreich 1871 okkupierten Reichslande Elsass und Lothringen.

stehende Bank, die vor allem Investitionskredite in staatlichem Interesse vergab (vgl. Pohl 1982: 13ff.). Die Provinzialhilfskasse stellte der Raiffeisenbank einen Kredit in Höhe von 50.000 Talern[11] zur Verfügung, der in zehn Jahresraten zu tilgen war. Damit war ausreichend Betriebskapital vorhanden. (Vgl. Müller 1901: 124). Über das „Gnadengeschenk" Kaiser Wilhelm I. 1882 in Höhe von 30.000 Mark ist schon berichtet worden. Zehn Jahre später gab Kaiser Wilhelm II. ebenfalls ein „Gnadengeschenk", dieses Mal in Höhe von 20.000 Mark an den Anwaltschaftsverband (vgl. Wuttig1907: 7).

Übrigens hat Raiffeisen als Person 1884 von Wilhelm I. in dessen Eigenschaft als preußischer König den Roten Adlerorden (den zweithöchsten Orden nach dem Schwarzen Adlerorden) in der vierten Klasse erhalten (vgl. Faust 1977: 364).

d) Der Wucher: Raiffeisen und die Realität

Was sah Raiffeisen und was sahen und sehen andere als Ursache der von ihm so tatkräftig angegangenen Not der Landbevölkerung und was waren die tatsächlichen Ursachen?

Raiffeisen selbst schrieb sehr drastisch über die Bauernnot: „[...] das schlimmste von Allem: der Wucher. Wie das gierige Raubthier auf das gehetzte und abgemattete edle Wild, so stürzen sich die gewissenlosen und habgierigen Blutsauger auf die hilfsbedürftigen und ihnen gegenüber wehrlosen Landleute, deren Unerfahrenheit und Noth ausbeutend, um sich durch die bekannten wucherischen Händel allmählich in den Besitz ihres ganzen Vermögens zu setzen. Eine Familie nach der anderen wird zu Grunde gerichtet. Während der eine Theil immer mehr in Noth geräth und immer hilfsbedürftiger wird, steigert sich die Macht und mit ihr die Habgier der mit vereinten Kräften in der frechsten und schamlosesten Weise zusammenwirkenden wucherischen Geldleute." (Raiffeisen 1883b: 12).

Werner Sombart in seiner umfangreichen und umfassenden, vor rund hundert Jahren erschienenen Darstellung und Analyse des „modernen Kapitalismus" bezeichnete den Wucher auf dem Lande als weit verbreitet und als ernste Angelegenheit, jedenfalls bis zum Ende der siebziger Jahre des 19. Jahrhunderts. (Vgl. Sombart 1987: 973). Das klingt sowohl in der zeitlichen als auch in der qualitativen Begrenzung schon etwas differenzierter.

Zeitlich noch näher, vor allem aber emotional näher an Raiffeisen war Adolf Wuttig. Er war langjähriges Mitglied des General-Anwaltschaftsrates und des Aufsichtsrates der landwirtschaftlichen Zentral-Darlehenskasse zu Neuwied, also Raiffeisen-Mann durch und durch. Er outet sich in seiner Schrift darüber hinaus

---

[11] Zu diesem Zeitpunkt nach heutigem Geld fast 1,5 Mio. Euro (nach Bundesbank 2017 berechnet).

– wie wir schon gesehen haben – als hochgradiger Nationalist. Zwar nennt auch er einige Beispiele von zerstörerischem Wucher, aber noch häufiger geht die bäuerliche Not in seinen Beispielen auf das „liederliche Leben" der betroffenen Landbevölkerung zurück (vgl. Wuttig 1907: 64ff.). Das klingt schon anders.

Auch andere sachverständige Zeitgenossen sahen die Dinge gelassener. So schrieb Eugen Jäger, Pfälzer Zeitungsverleger, als Zentrumspolitiker sowohl Reichstagabgeordneter als auch später bayerischer Landtagspräsident, in seiner „Agrarfrage der Gegenwart", die 1882 erschien, die Landwirtschaft leide „an der Uebermacht der ausländischen Einfuhr und der übergroßen Höhe unserer einheimischen Productionskosten". Steuern und öffentliche Lasten seien „ungeheuer gewachsen." Diese Feststellung unterlegt er mit vielen Zahlen. In diesem Zusammenhang taucht das Wort ‚Wucher' nur ein einziges Mal auf, und das eher beiläufig. Ausführlich beschäftigt er sich mit einer Veröffentlichung aus dem „Statistischen Bureau" Bayerns aus dem Jahr 1881. Darin werden die Zwangsversteigerungen landwirtschaftlicher Anwesen im Jahr 1880 analysiert. Es handelte sich um insgesamt 6.684 Fälle. Davon wird für 330 Fälle, also für knapp 5%, als Grund der Zwangsversteigerungen „Wucher" genannt. Trunksucht war es in 356 Fällen, Trägheit in 565 und „Liederlichkeit, Leichtsinn, Verschwendung, Genußsucht" in 1.169 Fällen. (Vgl. Jäger 1882: 188ff.).

Ein recht bekannter Genossenschafts-Autor der Raiffeisenzeit, Louis Löll, wird hinsichtlich der allgemeinen Lage der bayerischen Landwirtschaft noch deutlicher. Er hat seiner 1878 erschienenen Schrift über die Raiffeisen-Vereine und die schulzeschen Kreditvereine zwar den Untertitel gegeben „Ein unparteiisches Wort zur Verständigung", aber seine größeren Sympathien für Schulze-Delitzsch lässt er trotzdem deutlich werden. Er stellt fest: „Unser vermögender und noch weniger unser reicher bayr. Bauernstand bedarf der Raiffeisen'schen Darlehnskassen-Vereine durchaus nicht." (Löll S. 11). An einer späteren Stelle erzählt er über eine Vortragsreise zur Genossenschaftsfrage: „So hatte ich z. B. im vorigen Jahre die Wanderlehre in einem unserer reichsten Dörfer des Ochsenfurter Gaues auszuüben. Bei dem Wirthe erkundigte ich mich, ob vielleicht ein Vortrag über die Creditvereine in der Versammlung Anklang finden würde? Darauf erhielt ich die Antwort: ‚Davon dürfen Sie hier nicht sprechen, denn hier haben die Leute mehr Geld als sie brauchen. Ein Fremder hat einmal in unserem Dorfe eine Frau gefragt, ob es hier auch arme Leute gäbe? Darauf hat dieselbe erwidert: Das kann man gerade nicht sagen, die zwei Aermsten im Dorfe sind der Pfarrer und der Schullehrer.'" (Löll 1878: 35).

Der renommierte (und heute noch existierende) „Verein für Socialpolitik", in dem Wissenschaftler sich u. a. den verschiedensten Facetten der sozialen Frage widmeten, ist in diesem Zusammenhang zwei Mal zu erwähnen. Zum einen: Der Verein hielt im September 1886 in Frankfurt/Main eine seiner Generalversammlungen ab. Die Sitzung des zweiten Tages beschäftigte sich mit der „Inneren Kolonisation mit Rücksicht auf die Erhaltung und Vermehrung des mittleren und kleineren ländlichen Grundbesitzes". Werner Sombart hielt das Hauptreferat, der nicht minder bekannte Gustav Schmoller das Koreferat. Schmoller konzentrierte sich vor allem auf die aktuellen sozialen Fragen der Landwirtschaft. Den Referaten schloss sich eine längere Diskussion an. Die Finanzierung der landwirtschaftlichen Produktion, Kreditprobleme, soziale Fragen spielten auf dieser Sitzung eine große Rolle. Es handelte sich also genau um die sachlichen Probleme, denen das Lebenswerk Raiffeisens gewidmet war. Das Wort ‚Wucher' tauchte trotzdem nicht ein einziges Mal auf (vgl. Verein für Socialpolitik 1886: 77-136). Beim zweiten Mal thematisierte der Verein ausdrücklich die ländliche Wucherfrage. Dieser Fall wird uns gleich ausführlich beschäftigen.

Hinzuweisen wäre zunächst noch auf eine Kölner Diplomarbeit aus dem Jahr 2008, die sich mit der Entwicklung der ländlichen Kapitalmärkte im 19. Jahrhundert befasst. Zu unserer Frage führt der Verfasser in einer ausführlicher zu zitierenden Passage aus: „Vielerorts entwickelte sich der bisherige Waren- und Viehhändler im Zeitverlauf auch zu einem Bankier. Vorgänger waren dabei reisende Händler, die schon seit dem Mittelalter Bauern mit Waren belieferten. Sie verkauften ihm ihre Produkte und ließen sich dafür in Naturalien bezahlen. In Zeiten der zunehmenden Marktabhängigkeit entwickelten sich diese Händler häufig zu Zwischenhändlern, die den Landwirten ihre Erträge abkauften und ihn im Gegenzug mit Saatgut, Futter-, Düngemittel und Zuchtvieh versorgten. Dieses Geschäftsverhältnis wandelte sich nicht selten dahin, dass der Händler auch vorübergehend mit Geld aushalf. Diese Geschäfte waren zunächst hauptsächlich solche auf laufende Rechnung, aber teilweise wurden daraus auch reine Geldgeschäfte zwischen Händler und Landwirt. [...] Neben der Wandlung des Zwischenhändlers zum Bankier traten auch vermehrt reine Geldleiher mit den Landwirten ins Geschäft. Auch diese zogen dabei in einem regional begrenzten Umkreis über die Dörfer und boten ihre Dienste an. Da die meisten Landwirte in wirtschaftlichen Fragen unerfahren waren und vielfach alternative Geldquellen fehlten, waren diese Arten der Kreditvergabe häufig der Gefahr wucherischer Praktiken ausgesetzt." Im Anschluss daran werden einige Beispiele genannt, zu denen die Schlussfolgerung lautet: „In diesen Fällen darf wohl trotz allen Kreditrisikos bedenkenlos von wucherischen Praktiken gesprochen werden. Es muss jedoch auch betont werden, dass dies nicht die Regel, sondern die Ausnahme war und die Kreditvergabe durch Händler in den meisten Fällen einen funktionierenden Teil der lokalen Kreditwirtschaft darstellte." (Wolters 2008: 21ff.).

Der schon erwähnte Albert Schäfer ist verschiedenen konkreten Fällen von Kreditvergabe aus der Zeit Raiffeisens nachgegangen, und zwar an Hand lokaler, vor allem kirchlicher Archive. Denn Kredite an Bauern wurden auch von Kirchengemeinden vergeben. Ein Vergleich zwischen einem solchen gemeindlichen Kredit und einem eigentlich des Wuchers verdächtigen Geldgeber ergab: In beiden Fällen stellten die als Sicherheit eingebrachten Immobilien mindestens eine doppelte Absicherung des Kredites dar, war in den Kreditverträgen eine vierteljährliche Kündigungsfrist (geltend für beide Vertragspartner) vereinbart und betrug der Zinssatz fünf Prozent (den damals normalen Satz). Schäfers Resümee lautet denn auch: „Wucherisches Verhalten des Darlehnsgebers ist aus dem Vertrag direkt nicht erkennbar." (Vgl. Schäfer 2009: 10ff.).

Folgt man den Darstellungen bei Raiffeisen und manchen seiner Zeitgenossen, dann stand am Ende einer Auseinandersetzung mit den Wucherern meistens die Zwangsversteigerung oder Subhastation des bäuerlichen Betriebes. Max Weber hat sich mit den Gründen solcher Subhastationen und ihrer Verteilung auf die unterschiedlichen Betriebsgrößen in der zweiten Hälfte der achtziger Jahre des 19. Jahrhunderts beschäftigt. Er gibt folgende Zahlenübersichten[12]:

In Preußen entfielen von der landwirtschaftlichen Betriebsfläche insgesamt auf Betriebe

unter 2 ha	1,5%
von 2-10 ha	14,7%
von 10-50 ha	37,9%
über 50 ha	45,9%

Von den Zwangsversteigerungsflächen insgesamt in den Jahren 1886/87, 1887/88, 1888/89 entfielen auf Betriebe

unter 2 ha	0,8%
von 2-10 ha	5,3%
von 10-50 ha	15,7%
über 50 ha	78,1%.

Die sich daraus ergebende eindeutige Schlussfolgerung formuliert Weber dann folgendermaßen: „Diese Tabelle ergiebt, daß der Antheil der kleinen ländlichen Besitzungen in Preußen an den Zwangsversteigerungen ein weit geringerer ist, als ihr Antheil an der Betriebsfläche, während der landwirthschaftliche Großbetrieb und Großbesitz [...] einer im Verhältniß zu seinem Antheil an der Betriebsfläche weit größeren Subhastationschance unterliegt. [....] Die relative Subhastationschance ist also für den Kleinbesitz, zumal für den bäuerlichen Klein- und Mittelbetrieb, im Verhältniß namentlich zum Großbetrieb, eine günstige zu nennen." Weber nennt dann weiterhin die Gründe, die bei den verschiedenen Betriebsgrößen zu Zwangsversteigerungen geführt hatten. Den

---

[12] Gerundet, wie auch die folgenden Übersichten.

Wucher mit eigenem Verschulden der Landwirte verglichen, ergibt folgendes Ergebnis:

Gründe für die Zwangsversteigerung, bei ländlichen Besitzungen mit einer Fläche

        bis 0,75 ha   3,0% Wucher gegen 45,4% eigenes Verschulden

        0,75- 2 ha   2,6% Wucher gegen 43,6% eigenes Verschulden

        2-10 ha   2,0% Wucher gegen 42,5% eigenes Verschulden

        10-50 ha   2,4% Wucher gegen 41,1% eigenes Verschulden

        über 50 ha   2,2% Wucher gegen 29,7% eigenes Verschulden

(vgl. Weber 1993: 647f.).

Auch diese Übersicht macht deutlich, dass gerade bei Kleinbauern eigenes Verschulden exorbitant häufiger Ursache für Zwangsversteigerungen war als Wucher.

Ludwig Hüttl, bayerischer Genossenschaftshistoriker und lange Zeit Vorsitzender des Bayerischen Vereins für Genossenschaftsgeschichte, verweist auf eine offizielle preußische Darstellung zu den Ursachen für Zwangsversteigerungen bäuerlicher Betriebe. Sie deckt sich mit den Feststellungen Max Webers: „Der preußische Minister für Landwirtschaft, Domänen und Forsten sowie sein Amtskollege des Inneren bezeichneten 1886 als Ursachen für Subhastationen im Königreich Preußen: ungünstige Gutsübernahme, zu teurer Erwerb, spätere Verschuldung der Eigentümer, dessen Ausbeutung durch Wucherer, aber auch moralische Probleme wie Trägheit, Trunksucht, Spielsucht, Verschwendung, Liederlichkeit, Prozeßsucht einzelner Personen, Verbüßung von Freiheitsstrafen, unbesonnene Eheschließung, wirtschaftliche Unerfahrenheit, missglückte Spekulation, kostspielige Bauten, verfehlter Nebenerwerb durch eine Schankwirtschaft, die zu wenig einbrachte, sonstige ungünstige Nebengeschäfte. Auf sie aber waren etliche Landwirte wegen schlechter Ertragslage angewiesen. Auch Krankheit, Todesfall in der Familie bzw. dem Hausstand, Viehsterben, Hagelschlag, Brand, Überschwemmung, schlechte Ernten, Sinken der Preise für landwirtschaftliche Produkte wurden als Ursache für den Niedergang genannt. Vielfältig waren die Gefährdungen des bäuerlichen Lebens, insbesondere dann, wenn das notwendige Eigen- bzw. Betriebskapital fehlte." (Hüttl 1988: 31f.). Nennenswerten Wucher sahen die preußischen Minister also nicht am Werk.

Der Sozial- und Wirtschaftshistoriker Friedrich-Wilhelm Henning stellt in seiner zweibändigen Geschichte von Landwirtschaft und ländlicher Gesellschaft in Deutschland fest: Die privaten Landwarenhändler hätten „für viele Landwirte zugleich Bankfunktionen" wahr genommen, „da die Landwirte alle oder fast alle

Außenbeziehungen über einen oder mehrere Händler laufen ließen und im Wege eines Kontokorrents – mit Kreditnahme und Bargeldempfang – auch den größten Teil der Geldbeziehungen abwickelten. Nicht selten waren diese Händler Juden. Als Kreditgeber in normalen Jahren mußten sie bei Mißernten, die nicht zur Abdeckung der laufenden Rechnungskredite ausreichten, die Erbitterung ihrer Kunden schon über die laufenden Zinszahlungen in Kauf nehmen, obgleich nicht sie, sondern die labile Wirtschaftsführung der Landwirte ursächlich für die finanzielle Not war." (Henning 1978: 141). Auch diese Darstellung weiß in ihrer Prägnanz nichts von Wucher.

Die Ethnologin Ingeborg Weber-Kellermann schließlich erwähnt in ihrem Buch „Landleben im 19. Jahrhundert" Wucher ebenfalls nicht, jedenfalls findet sich der Begriff nicht im Register. Aus den Jugenderinnerungen eines Dörflers der Biedermeier-Zeit zitiert sie ausführlich eine Passage über den Hausiererjuden, der – irgendwo im deutsch besiedelten Böhmen – die Dörfer aufsucht: „Die Weiber liebten ihn wegen seiner gemütlichen Galanterie, die Männer schätzten ihn wegen seines überlegenen Verstandes und seiner guten Ratschläge in Sachen des Ackerbaus und der Viehzucht. [...] Gewiß hätte ihm jeder Bauer gerne seine Tochter zur Frau gegeben, aber Moses' unbeugsamer Freigeist stieß die Dogmen der Kirche wie die Vorschriften der Synagoge zurück [...]." (Weber-Kellermann 1987: 317). Dieser Zeitzeugenbericht klingt ganz anders als die Darstellungen Raiffeisens.

Neben Raiffeisen ist Wilhelm Haas als Wegbereiter ländlicher Genossenschaften von großer Bedeutung. Anfänglich arbeitete er mit und neben Raiffeisen, gründete dann aber den zweiten Verband landwirtschaftlicher Genossenschaften. So wie Haas die Lage der Bauern in der zweiten Hälfte des 19. Jahrhunderts beschrieb, waren sie in ihrer „vollständigen Vereinzelung" ebenso vom Fabrikanten wie vom Händler abhängig. Die Preise wurden von den Fabrikherren „in einer exorbitanten Höhe gehalten, welche zu dem Werte der Düngemittel und Futterstoffe außer allem Verhältnis stand. [...] Schwerspatmühlen versendeten ungescheut und öffentlich ihre Prospekte an die Mühlenbesitzer und Mehlverkäufer und empfahlen darin ihr Produkt zur Verbesserung des Mehls, in Norddeutschland bestanden besondere Fabriken zur Herstellung künstlichen Samens aus Ton [...]". (Zit. n. Faust 1977: 389f.). Also auch abseits allen Wuchers wurden Notlagen ausgenutzt und wurde sogar betrogen. Diese Feststellungen Haas' teilt Helmut Faust in seiner „Geschichte der Genossenschaftsbewegung" mit.

Andererseits finden sich bei Faust besonders massive Schilderungen des Wuchers auf dem Lande oder vielmehr seiner fürchterlichen Konsequenzen. Der Höhepunkt seiner Geschichte des bäuerlichen Leidens liest sich so: „Diese Worte vermögen nicht, dem Menschen unserer Zeit den schrecklichen Miß- und Notstand vor Augen zu führen, in den in jenen Jahren die Landbevölkerung durch den Wucher geraten war. Er geht einfach über unsere Begriffe. Im Jahre

1886, also lange nach Raiffeisens erstem Auftreten gegen dieses am Mark des Volkes zehrende Verbrechen, hat der Verein für Socialpolitik eine Untersuchung angestellt über den Wucher auf dem Lande und in Berichten aus allen Landesteilen unseres Vaterlandes die Ausbeutung der Bauern durch die gewerbsmäßigen Wucherer gebrandmarkt. Aus dem unfangreichen Material sei nur ein Fall herausgestellt [...]." Dieser Fall wird dann ausführlich dargestellt (vgl. Faust 1977 S. 300). In der 1965 erschienenen zweiten Auflage seines Buches schildert Faust sogar noch – auf insgesamt drei Druckseiten – zwei Fälle (Faust 1965: 275ff.).

Nehmen wir uns also die von Faust so dramatisch in Szene gesetzte Enquete des rühmlichen Vereins für Socialpolitik vor, um nun endlich die tatsächlichen Verhältnisse auf dem Lande in den 80er Jahren des 19. Jahrhunderts in Deutschland kennen zu lernen. Da der Urheber dieser Enquete, eben der Verein für Socialpolitik, ein hohes Renommee sein eigen nennt und da es sich weiterhin um eine umfangreiche (sie umfasst 354 Seiten) und zudem noch zeitgenössische Darstellung handelt, besteht ausreichend Veranlassung, sich ihr eingehend zu widmen. Der erste Satz der Einleitung (vom Herausgeber Thiel verfasst) lautet: „Nachdem der Ausschuss des Vereins für Socialpolitik in seiner Sitzung vom 28. December 1885 beschlossen hatte, zur Vervollständigung der früheren Berichte über die ländlichen Verhältnisse einen besonderen Sammelband über das Vorkommen des Wuchers auf dem Lande zu veröffentlichen, übernahm der Unterzeichnete die Aufstellung eines betreffenden Fragebogens und die Gewinnung von Berichterstattern." (Verein für Socialpolitik 1887: V).

Die Fragen Thiels sahen so aus:

> „1) In welchen Formen und in welchem Umfang tritt der Geld- und Kreditwucher hauptsächlich auf?"

Dazu gab es einige Teilfragen, u. a. die Frage:

> „Wer betreibt hauptsächlich den Wucher und stehen die einzelnen Wucherer untereinander in Geschäftsverbindung?"

> „2) In welcher Form und in welchem Umfang findet der Viehwucher statt?",

ebenfalls durch Teilfragen ergänzt.

Unter 3) wurden mehrere Teilfragen zum Grundstückswucher gestellt.

> „4) Besteht ein Waarenwucher in größerem Umfang und in welcher Form?"

Dem schloss sich eine sehr ausgedehnte und nicht sehr einfach zu verstehende Frage an:

> „5) Ist schließlich eine Vereinigung aller dieser Wucherformen in der Art festzustellen, daß der Wucherer sich der ganzen Geschäftsführung des Bauern bemächtigt, alle An- und Verkäufe für ihn vornimmt, ihn dabei über seine Vermögenslage ganz im Dunkeln hält, nie gründlich und klar mit ihm abrechnet und gegebenenfalls zu dem Provisionswucher auch noch den direkten Betrug fügt, indem er Einnahmen nicht verrechnet oder Ausgaben mehrfach bucht, was alles der Bauer mangels jeder eigenen Buchführung nicht durchschaut oder nur sehr schwer im Prozeßwege beweisen kann, falls er es bei den Kosten und Umständen solcher Prozesse zu einem Prozeß kommen lässt."

Am Ende stand die Frage nach den Ursachen:

> „6) Welche Ursachen tragen zur Ausdehnung aller dieser Formen des Wuchers hauptsächlich bei?"

(Verein für Socialpolitik 1887: Vff.).

Insgesamt wurden 26 Berichte veröffentlicht, aus allen Teilen Deutschlands, nach Regionen (den Staaten des Deutschen Reiches, den preußischen Provinzen und einigen kleinteiligeren Gebieten) gegliedert. Die Berichterstatter sind offensichtlich eher zufällig bestimmt, jedenfalls wird nichts über eine Auswahl nach bestimmten Kriterien berichtet. Die Berichte geben keine Quellen an, oder nur sehr ungefähre. Zahlenangaben fehlen fast immer; eigentlich wird nur erzählt. Die Berichte bieten insgesamt folgendes Bild (vgl. Verein für Socialpolitik 1887: passim):

1 Region (Bayerische Rheinpfalz):
Wucher gebe es in schlimmem Ausmaß (ohne wirkliche Belege oder gar Zahlen zu nennen).

3 Regionen (Elsaß-Lothringen, „Triersches Land", Regierungsbezirk Wiesbaden):
Der Wucher ist sehr verbreitet; drastische Beispiele werden genannt, aber keine fundierten Ergebnisse. Am unzuverlässigsten ist der Bericht aus dem Reichsland Elsaß-Lothringen. Eine anonyme, schon damals über hundertjährige Schrift von 1779 wird ausgiebig zitiert, ebenso wie eine weitere Veröffentlichung von 1853, immerhin auch schon ein Drittel Jahrhundert alt. Beide schildern Wucherverhältnisse, aber ohne Zahlen oder sonstige Daten. Es heißt lediglich, der Wucher sei „sehr verbreitet", die Schuldner „werden oft genöthigt" usw.

1 Region (Provinz Posen):
In Teilen der Provinz sei der Viehwucher verheerend.

6 Regionen (Großherzogtum Baden, Provinz Hannover, Großherzogtum Olden-burg, Großherzogtum Hessen, Regierungsbezirk Kassel, Provinz Westfalen):
Wucher komme immer wieder vor; Beispiele werden angeführt.

11 Regionen (Königreich Württemberg, Hohenzollernsche Lande (Regierungsbe-zirk Sigmaringen), Provinz Schlesien, Provinz Pommern, Königreich Bayern, Rheinprovinz, Provinz Sachsen, Thüringische Staaten, Provinz Ostpreußen, Pro-vinz Brandenburg, Herzogtum Braunschweig):
Wucher komme nur vereinzelt vor.

4 Regionen (Provinz Schleswig-Holstein, Königreich Sachsen, Großherzogtum Mecklenburg, Provinz Westpreußen):
Kein Wucher.

Als Ergebnis kann gesagt werden, es gab Regionen (im Südwesten Deutsch-lands, einschließlich der engeren Heimat Raiffeisens), zu denen zum Teil drasti-sche Fälle von Wucher aufgezählt werden. Es werden aber keinerlei Aussagen über Relationen gemacht. Der weitaus größte Teil Deutschlands kennt ländli-chen Wucher entweder gar nicht oder nur in geringem Umfang. Im Übrigen muss natürlich berücksichtigt werden, dass Wucher überall und immer wieder vorkommt, auch heutzutage. Jedenfalls war der Wucher zu Raiffeisens Zeit kein Ungeheuer, das die ländliche Bevölkerung in Deutschland generell in seinem fürchterlichen Würgegriff hielt.

Merkwürdig genug ist aber der Umgang des Vereins für Socialpolitik mit seiner eigenen Enquete. Ein Jahr nach dem Erscheinen der Enquete beschäftigt man sich bei den Verhandlungen des Vereins 1888 in Frankfurt am Main mit den Er-gebnissen: „Die Untersuchungen über die Wucherfrage hätten ergeben, so faßte Nasse [der Vorsitzende des Vereins] zusammen, daß Mißstände auf diesem Ge-biet zu verzeichnen seien, die genaue Verbreitung und Größe könnte jedoch nicht festgestellt werden. Sicher sei, daß das Übel außerordentlich ungleich verbreitet sei, hauptsächlich beträfe es die ärmeren Gebiete im mittleren und südwestlichen Deutschland, so die thüringischen, fränkischen, alemannischen und bayerischen Volksstämme." (Gorges 1980: 160ff.). Seltsam ist, dass die zi-tierten Äußerungen des Vorsitzenden kaum eine Grundlage in den veröffent-lichten Berichten selbst haben. Gerade die thüringischen und bayerischen „Volksstämme" waren von Wucher (mit Ausnahme der bayerischen Rheinpfalz, aber die war und ist ja auch nicht von einem „bayerischen" Stamm besiedelt) weitgehend frei.

An den fragwürdigen Methoden dieser Enquete ist schon früh Kritik geübt wor-den. Gottlieb Schnapper-Arndt, Dozent der Akademie für Sozial- und Handels-wissenschaften in Frankfurt am Main, stellte 1888 fest, die Fragen seien suggestiv gewesen, es seien nicht detaillierte Angaben erwartet worden; auch seien die Fragen zu pauschal und die Berichterstatter häufig voreingenommen gewesen. Es gäbe keine Sicherheit, wer eigentlich die Fragen beantwortet habe; die gemachten Angaben seien nicht nachprüfbar. Schnapper-Arndt verweist vor allem auf das Beispiel Trier: Der Berichterstatter, Kaplan Dasbach, vertrete die Bauern bei gerichtlichen Auseinandersetzungen über den Wucher. Er habe deshalb mindestens 200 Fälle zur Hand gehabt, aber nur 40 daraus ausgewählt, und zwar diejenigen, die mit Verurteilungen wegen Wuchers endeten; es gebe keine genauen Beschreibungen der Orte, der Zeitspannen und keine näheren Angaben über die Quellen. Bei mündlichen Angaben von Dorfbewohnern wären keine Nachfragen gestellt worden (vgl. Schnapper-Arndt 1888: 8f.). Antisemitische Präferenzen seien in die Berichte mit eingeflossen. „Die Wissenschaft dürfe nicht Vorurteile, wie sie seit Jahrzehnten bestünden, auch noch in ihr Kategoriensystem aufnehmen [...]" (Schnapper-Arndt S. 39f.). Der fragwürdigste Bericht war ohne Zweifel der über die Zustände im Reichsland Elsaß-Lothringen. Dazu ist von Schnapper-Arndt zu erfahren, dass der Autor der Darstellung aus dem 18. Jahrhundert, ein gewisser Hell, erpresserisch tätig war, vom französischen König in Haft genommen und aus dem Elsass entfernt worden war, aber weiterhin antisemitisch tätig war. Er sei Anlass für eine „der berühmtesten Schutzschriften für Juden" gewesen, die der Geheime Kriegsrat im preußischen Außenministerium, Christian Wilhelm Dohm, zur Abwehr der Aktivitäten dieses Hells verfasste. (Vgl. Schnapper-Arndt 1888: 32f.).

Eine andere kritische Betrachtung der Wucherenquete im Jahr nach ihrem Erscheinen veröffentlicht, stammt von einem Staatswissenschaftler, Julius Zuns. Schon in seiner Einleitung stellt er generalisierend fest, bei Wucher sollte es doch wohl um eine moralische verwerfliche Handlung handeln. Er fährt dann fort: In der Enquete „wird mir nun zugemuthet, Handlungen als Wucher aufzufassen, deren moralische Verwerflichkeit ich absolut nicht einzusehen [...] vermag." Der Begriff Wucher sei nämlich ins Ungemessene erweitert und verliere dadurch seine Bedeutung. Alle Geschäfte, „welche unter Umständen für die Landbevölkerung ungünstig sein können", seien miteinbezogen. (Zuns 1888: 3ff.). Zuns dröselt einige markante Beispiele für angeblichen Wucher gründlich auf und kommt zu dem Schluss, dass es sich um normale Handelsgeschäfte handele, mit berechtigtem positiven Ergebnis für den Händler (vgl. z. B. Zuns 1888: 16f.).

Ein Ruhmesblatt für den sonst so renommierten Verein für Socialpolitik war diese Enquete nicht. Über sie heißt es in einer weiteren kritischen Darstellung, man gewinne den Eindruck, „mit ‚Wucher' sei jede Art der finanziellen Transaktion gemeint, die für den Bauern mit einem Verlust endet." (Zumbini 2003: 287f.).

Unbestreitbar ist wohl: Es gab große Nöte unter Bauern, und es gab Bauern, die wucherischen Praktiken zum Opfer fielen. In den Ausprägungen dieser Lage waren aber sehr große regionale Unterschiede zu verzeichnen. In der Heimat Raiffeisens war es eher schlimmer. Viel mehr ist an gesicherten Erkenntnissen nicht gegeben. Jedenfalls sollte man bei den Erzählungen Raiffeisens (und manchen seiner Zeitgenossen) sehr vorsichtig sein, wenn man sie verwerten will. Raiffeisen selbst war in seinen Äußerungen auch nicht gerade widerspruchsfrei. Ich hatte ihn vorhin zitiert: Im Westerwald finde der Wucher ein Feld, „wie es wohl ergiebiger" in Deutschland nicht vorkommt. Er ist dort also einmalig. Andererseits: Solche Fälle von Wucher, wie von ihm geschildert, gibt es „durch unser ganzes Vaterland tausende". Damit ist nichts anzufangen.

Und: Seelmann-Eggebert, der doch laut Faust in vaterländischer Hinsicht in tiefster Dankbarkeit zu Raiffeisen aufgeschaut habe, erwähnt in seiner Raiffeisen-Biografie nirgends das Phänomen des Wuchers.

Raiffeisen selbst distanzierte sich an manchen Stellen erstaunlich radikal von eigenen Darstellungen. So sagte er im Jahresbericht 1879: „Als Hauptursache des Nothstandes auf dem Lande wird der Wucher bezeichnet. [...] Der Wucher ist nicht die Ursache des Nothstandes. Er ist nur die Folge des unbegreiflichen und unverantwortlichen Verhaltens der Bevölkerung selbst. In diesem Verhalten allein ist die Ursache der traurigen Zustände zu suchen." Die Menschen seien zu gleichgültig, würden manchmal sogar mit Schadenfreude zusehen, wenn es dem anderen schlecht gehe. (Vgl. Raiffeisen 1879c: 49). Das ist ja wohl deutlich genug: Es gibt überhaupt gar keine andere Ursache für die traurigen Zustände als lediglich das unverantwortliche Verhalten der Bevölkerung selbst. Ein Jahr später wiederholt er diese Aussage (vgl. Raiffeisen 1880: 82).

e) Raiffeisens Antisemitismus

Raiffeisen war Antisemit – ohne Wenn und Aber. In der aktuellen – und auch weniger aktuellen – Genossenschaftsliteratur ist darüber nichts zu finden. Auch bei den Autoren, die sich zwar genossenschaftsnah, aber nicht genossenschaftsoffiziell zu Raiffeisen äußern, wird sein Antisemitismus nicht thematisiert. Lediglich eine Heidelberger Dissertation aus dem Jahre 1994, die drei Jahre später als Buch erschien, beschäftigt sich mit Raiffeisens Antisemitismus. Der Autor, Michael Klein, der Raiffeisen „im Zusammenhang mit dem deutschen sozialen Protestantismus" darstellt, versucht allerdings Raiffeisen weitgehend zu exkulpieren: „Es zeigt sich, daß auch Raiffeisens Stellung zum Judentum nicht frei von Ressentiments ist. Darin war er leider ein Kind seiner Zeit." Unmittelbar anschließend formuliert Klein eine Aussage von ausgesprochen groteskem Zuschnitt: „Es zeigt sich ferner, daß Raiffeisen bemüht war, seine Meinung aber wissenschaftlich zu fundieren oder ggf. zu korrigieren. Doch die Literatur, die ihm zu Gebote stand, ermöglichte dies nicht." (Klein 1999: 111ff.). Wie könnte man eigentlich ein „Ressentiment", wie der Autor sehr dezent Raiffeisens Antisemitismus bezeichnet, „wissenschaftlich fundieren"? Das wäre eine seltsame Wissenschaft, der das gelänge. Es ist nur peinlich, wenn ein solcher Unfug in einer Dissertation gesagt wird. Raiffeisen sei ein Kind seiner Zeit, meint der Autor. Schauen wir mal – zunächst danach, wie der neuere Antisemitismus im

19. Jahrhundert entstand.

In einem Beitrag in dem Sammelband „Juden im wilhelminischen Deutschland", 1976 erschienen, heißt es über die Anfänge des neueren Antisemitismus schon im Jahr der 48er Revolution: „An ihrem Beginn standen Bauernunruhen und Judenverfolgungen, die an Heftigkeit die sogenannte ‚Hepp!-Hepp!-Bewegung' von 1819 weit übertrafen und in schneidendem Gegensatz zu den Emanzipationsforderungen und Erwartungen der unmittelbar vorhergehenden Zeit standen. Die judenfeindlichen Bewegungen erfaßten nicht nur große Teile Südwestdeutschlands, Posens oder Böhmens, sondern auch dem Deutschen Bund benachbarte Gebiete wie das Elsaß oder Ungarn, überall im Zusammenhang allgemeiner wirtschaftlicher und sozialer Krisenerscheinungen." (Rürup 1976: 11).

Der Autor, Reinhard Rürup, erinnert dann an die 1873 beginnende, lang andauernde Wirtschaftskrise und stellt fest, dass das sich damit entstehende Krisenbewusstsein die tatsächlichen wirtschaftlichen und sozialen Nöte bei Weitem übertroffen hätte. Auch die Teile der Bevölkerung, deren wirtschaftliche Existenz gar nicht unmittelbar betroffen gewesen sei, seien von diesem Krisenbewusstsein erfasst worden. Damit verbunden war, dass „die liberalen Normen und Institutionen ins Wanken gerieten, daß die politische Theorie des Liberalismus binnen weniger Jahre ihre dominierende Stellung einbüßte, so daß Humanität, Rationalität oder Kosmopolitismus nun plötzlich in aller Öffentlichkeit und mit Zustimmung breiter, auch bürgerlicher Schichten als liberale Phrasen denunziert werden konnten." Es habe sich ein Klima der sozialen Aggression entwickelt. Es sei nach Sündenböcken gesucht worden. Der moderne Antisemitismus sei entstanden, „der die Krise der bürgerlichen Gesellschaft durch das Wirken der Juden zu erklären und durch die Rücknahme ihrer Emanzipation zu beheben versuchte." (Rürup 1976: 11).

Zuvor hatten die Gründerjahre nach dem deutsch-französischen Krieg mit ihrem scheinbar ungebremsten Wachstum weite Teile der Gesellschaft, „neben Unternehmern und Finanziers auch Spekulanten sowie Angehörige der verschiedensten Schichten, vom Hochadel bis zum Kutscher und Dienstmann", veranlasst, „die große Konjunktur auszunutzen". Jetzt brauchte man Sündenböcke. Sie waren leicht zu finden, weil auch „Juden sich an allen möglichen Unternehmungen, auch an zweifelhaften und selbst betrügerischen, stark beteiligt hatten." (Prinz 1984: 72).

Im Südwesten Deutschlands litten die Bauern besonders stark unter der 1875 anbrechenden Krise auch in der Landwirtschaft. Sie hatten nicht nur dem Preisdruck aufgrund vermehrter Getreideimporte Stand zu halten, sondern mussten auch mit der Zerstückelung des Bodens als Folge des regional vorherrschenden Erbrechts zu Rande kommen. Vor allem dort herrschte das Prinzip der Erbteilung vor. „Selbst sehr rührige Bauern hatten auch in normalen Zeiten nicht genug Land, um ihre Familien zu ernähren und strebten, wenn irgend möglich Land hinzukaufen." Dazu mussten sie Kredite aufnehmen, die mit Anbruch der Krise zusätzlich drückten. „Der Gläubiger war in vielen Fällen ein im Dorfe oder in seiner Nähe ansässiger, mit allen Verhältnissen vertrauter Jude." (Prinz 1984: 87f.). Häufig handelte es sich um Viehhändler, zumindest wurden sie als solche bezeichnet, denn sie betrieben nicht nur eine kleine eigene Landwirtschaft (wussten also, wovon sie beim Handel sprachen), sondern handelten auch mit landwirtschaftlichen Produkten und vermittelten Grundstücke, Hypotheken, Darlehen, wenn sie sogar nicht selbst Darlehen vergaben. (Vgl. Prinz 1984: 126). Die bäuerliche Abhängigkeit von den Händlern habe oft zu Unterlegenheitsgefühlen geführt. (Vgl. Prinz 1984: 129). Daraus erwuchs der Antisemitismus auch auf dem Land (vgl. auch Karlheinz Schneider 2005: 244f. u. 310ff.; Jochmann 1988: 30ff.; Rürup 1976: 27f.).

Aus alledem, dem Börsenkrach und der folgenden großen Krise in der zweiten Hälfte der siebziger Jahre, der Suche nach Sündenböcken, dem Druck ausländischer Konkurrenz auf die Landwirtschaft – zumindest auf Teile von ihr –, der gedrückten Lage vieler Bauern in manchen Gegenden, der ökonomischen Notwendigkeit zu Investitionen bei fehlenden Finanzierungsquellen auf dem Land, die oft durch jüdische Viehhändler und Geldverleiher wahrgenommen wurden, die als hauptberufliche Geschäftsleute das ausnutzten, was der Markt ihnen bot – aus alledem also wuchsen auch auf dem Land und zunehmend antisemitische Mentalitäten (vgl. auch Wehler 1995: 924ff.).

In manchen Parteien artikulierten sie sich besonders deutlich. So rief im September 1879 das Organ des politischen Katholizismus, also der Zentrumspartei, die „Germania" „zum Sturm auf den jüdischen Geist und die jüdische Geldherrschaft" auf. Die Zeitung warf „den" Juden Folgendes vor: Bereicherung am nationalen Vermögen ohne produktive Arbeit, Einmischung in innere Angelegenheiten der Christen, Förderung der „sittlichen Corruption" in den Medien, Unterstützung radikaler und revolutionärer Bewegungen. (Vgl. Rürup 1976: 50).

Das ist dicht bei Raiffeisen. Sehen wir uns seinen ausführlichsten Artikel dazu an. Er ist im Anhang vollständig abgedruckt. Er erschien in der ersten Nummer des Jahres 1881 seiner Zeitschrift „Landwirthschaftliches Genossenschaftsblatt" unter dem Titel „Die Judenfrage" (Raiffeisen 1881c: passim). Sein Antisemitismus beginnt bei den traditionellen, christlich geprägten Vorbehalten gegenüber Juden: „Ein Theil der jüdischen Presse erlaubt sich tagtäglich die frivolsten Angriffe auf den christlichen Glauben, indem sie mit Mißachtung aller edlen Gefühle das Heiligste, was des Christen Brust bewegen kann, in den Koth tritt. So sucht man systematisch dem Volke den Glauben zu rauben." Was aber eigentlich nach Raiffeisens Meinung konkret geschieht, welchen Unflat diese Presse denn nun enthielt und was als Heiligstes des Christen Brust bewegt, bleibt unklar. Wird zur Schändung der Altäre in den Kirchen aufgerufen? Wird der christliche Heiland verhöhnt? Darüber schweigt Raiffeisen sich aus. Er weiß aber, dass das alles mit System geschieht.

Ein besonders verwerfliches Ziel dieses Treibens ist für Raiffeisen evident: „Als unumstößliche Thatsache kann und muß angesehen werden, daß viele Juden sowohl durch wucherische Händel, als auch besonders durch verwerflichen Missbrauch der Presse und namentlich durch unbefugte Einmischung in christlich-religiöse Angelegenheiten das Judenthum in Misskredit gebracht haben. Ja, man kann ohne Bedenken das Thun und Treiben vieler Juden als ein staatsgefährliches im wahren Sinne des Wortes bezeichnen. Oder wird nicht durch den Ruin so vieler Existenzen und die Beförderung der Entchristlichung unserer Gesellschaft der verderblichen Wirksamkeit der Socialdemokratie der Boden vorbereitet?"

Es ist alles beisammen: Die materielle Ausbeutung durch Wucher, die Macht in der veröffentlichten Meinung, die Zerstörung des christlichen Glaubens, die Gefährdung des Staates, die Unterstützung der verderblichen Sozialdemokratie. Überall sind Juden am Werk. Dabei bedient sich Raiffeisen ausgesprochen perfider Ableitungen. Er stellt die Frage, wodurch „die so häufig hervortretende unredliche Gesinnung vieler Juden" verursacht sei. Er antwortet aber nicht selbst, sondern beruft sich auf vorhandene Meinungen. Manche nämlich sagten, Ursache sei die lange Zeit der früheren Unterdrückung der Juden, andere meinten, sie „liege im Nationalcharakter". Er zitiert dann einen Beleg, aber nur einen, und zwar einen denkbar obskuren Beleg, für die zweite Variante. Er verweist auf einen österreichischen Orientalisten und Politiker, Alfred von Kremer, der lange Zeit in Damaskus gelebt habe und aus dieser Zeit berichte, der sehr arme arabische Bauer sei „ganz in den Händen der jüdischen Wechsler". Raiffeisens Kommentar zu dieser Lesefrucht: Diese syrischen Juden seien doch nun wirklich nicht in Deutschland unterdrückt worden. Die Schlussfolgerung lässt er offen und begibt sich in Deckung: Er habe nur referiert und wolle sich selbst eines Urteils enthalten. Das überlasse er den Lesern. Deren allerdings nur zum Schein logische Schluss muss aber sein: Es ist der „Nationalcharakter", der die „unredliche Gesinnung" hervorruft. Hier sind wir schon bei der rassistischen Variante des Antisemitismus.

Dabei malt Raiffeisen in seiner Darstellung ländlicher Verhältnisse weitaus Schlimmeres als „unredliche Gesinnung". Zunächst bleibt er noch vorsichtig, referiert auch an dieser Stelle nur. Denn „es soll überhaupt keine Seltenheit sein, wie vielfach behauptet wird, daß Bauern Juden gegenüber so verschuldet sind, daß sie nur noch für diese arbeiten müßten." Unmittelbar nach diesem vorsichtigen, erzählenden Konjunktiv zieht er aber ein deutliches Fazit (das in seiner historischen Dimension nichts mit den Realitäten zu tun hat): „Wahrlich eine schrecklichere Lage, als die Sclaven des Alterthums! Diese arbeiteten im Dienst ihrer Herren, wurden aber von diesen auch erhalten. Unsere modernen Sclaven müssen sich plagen Tag für Tag und fristen ein kümmerliches Dasein, bis es dem Wucherer eines Tages gefällt, die Schlinge um ihren Hals zu legen und ihnen den Garaus zu machen." Die antike Sklavenwirtschaft als Ausdruck einer guten alten Zeit – darauf muss einer erst einmal kommen!

Ein gutes halbes Jahr später beschäftigt sich ein Artikel in seiner Zeitschrift mit den „Juden in Spanien". Er kommentiert in einigen Sätzen einen Auszug aus einer Monatsschrift, deren Titel nicht genannt wird. Die Spanier, so wird einleitend berichtet, wollten sich der von anderen Völkern ausgestoßenen Juden annehmen. Das könnte ihnen aber zum Unglück gereichen, denn die Vorsehung werde nicht noch einmal wie im 15. Jahrhundert die Spanier aus den Händen der Juden retten. Die von der spanischen Inquisition gesteuerte brutale Vertreibung der Juden als rettenden Akt der Vorsehung zu bezeichnen, zeugt von einem sehr beträchtlichen Ausmaß an Inhumanität. Denn Raiffeisen leugnet keineswegs die damals geschehenen Greuel. Aber dadurch sei doch glücklicherweise vermieden worden, so heißt es denn in dem von ihm zitierten Artikel, dass das amerikanische Gold den spanischen Juden in die Hände gefallen sei. Europa sei dadurch gerettet worden. (Vgl. Raiffeisen 1881d: 63). Angesichts der unendlichen Leiden, das die aus Spanien vertriebenen Juden erlitten haben und der unendlichen Grausamkeit, mit der die spanischen Konquistadoren den amerikanischen Indios das Gold geraubt haben, ist dieser Zynismus kaum zu überbieten. Auch dieser Text ist vollständig im Anhang abgedruckt.

In dem Pamphlet, das Raiffeisen zustimmend zitiert, wird die Formel „goldene Internationale" verwendet. Das bezieht sich auf Karl Wilmanns, für die Deutschkonservative Partei Reichstagsabgeordneter, der schon 1876 in einer Broschüre mit dem Titel „Die goldene Internationale und die Nothwendigkeit einer socialen Reformpartei" zur Gründung einer antisemitischen Partei aufgerufen hatte (vgl. Wehler 1995: 926). Weitere solcher Aufrufe und tatsächlichen Gründungen folgten.

Im gleichen Jahr, in dem die „Germania" den Sturm auf den jüdischen Geist proklamierte, veröffentlichte Wilhelm Marr, einer der Wortführer des Antisemitismus jener Zeit sein Buch „Der Sieg des Judenthums und das Germanenthum". Seit November 1879 erschien seine einschlägige Zeitschrift „Die deutsche Wacht". Bei Marr verschmolzen Antisemitismus und Rassentheorie. Es dominiert nicht mehr das religiöse Element. Unterschieden wird nicht mehr zwischen Christen und Juden, sondern zwischen Deutschen und Juden. Der Philosoph Karl Eugen Dühring (der Veranlassung für Friedrich Engels' so genannten „Anti-Dühring" war) entwickelte eine Rassentheorie und schrieb 1880 über die „Jüdische Gefahr". Im Herbst 1880 wird von Bernhard Förster (dem Schwager Nietzsches) die so genannte Antisemitismuspetition organisiert. Sie ist eine Petition der Antisemiten. Gefordert werden unter anderem der Ausschluss von Juden aus obrigkeitlichen Stellungen und ein Beschäftigungsverbot für jüdische Lehrer an Volksschulen. Der als Radau-Antisemit bezeichnete Ernst Henrice gründete 1881 die ‚Soziale Reichspartei'. Im Reichstagswahlkampf dieses Jahres forderte er „Racengesetze gegen die Juden". Otto Böckel, einer der schlimmsten Antisemiten, wird 1887 in Hessen Reichstagsabgeordneter. Er war von großem Einfluss auf die ländliche Bevölkerung. Auch sein Antisemitismus ist „rassistisch grundiert" (vgl. Zumbini 2003: 165-267 u. Wehler 1995: 924ff. u. 1065f.).

Raiffeisen unterstützt diese Entwicklung auch noch Mitte der achtziger Jahre auf seine Weise. Auf dem Vereinstag von 1885 führt er „in längerer Rede aus", wie sehr die Juden „eine immer mehr verderbliche Macht bildeten." Er verweist ausdrücklich auf die Broschüre von Wilmanns und referiert daraus dessen trübe Ergüsse. (Vgl. Raiffeisen 1885: 59). Der entsprechende Teil des Protokolls ist ebenfalls im Anhang zu finden.

Gegen den anwachsenden Antisemitismus gab es aber eine starke Gegenbewegung. So erschien im November 1880 ein Toleranzaufruf, der unter anderem vom Berliner Oberbürgermeister Max von Forckenbeck, von Wilhelm Mommsen, von Anton von Werner (dem Maler), von Georg Siemens unterschrieben war. Mommsen sagte deutlich genug, der Antisemitismus sei die „Gesinnung der Canaille" Der Kronprinz Friedrich Wilhelm, der spätere 99-Tage-Kaiser Friedrich III., machte „aus seinem Widerwillen gegen den Antisemitismus keinen Hehl". Im Januar 1880 nahm er demonstrativ an einem Gottesdienst in der Berliner Synagoge teil (vgl. Zumbini 2003: 190-230). Um auf die zitierte Äußerung zurückzukommen, Raiffeisen sei in seinem Antisemitismus ein Kind seiner Zeit: Das war er ganz sicher, aber seine Zeit hatte auch andere Kinder.

Die Spar- und Darlehnskassenvereine Raiffeisens in ihrer ländlichen Umwelt, noch dazu gefördert durch die Intentionen ihres Gründers, waren ebenfalls zumindest tendenziell antisemitisch eingestellt. Radau-Antisemitismus blieb ihnen aber fremd. Und: Unter Raiffeisens Sohn Rudolf wehte offensichtlich ein anderer Wind. Er war, wie schon erzählt, im Jahr vor dem Tod seines Vaters aus dem Ausland zurückgekehrt und in die Raiffeisen-Organisation eingetreten, zwei Jahre später übernahm er das Amt des Anwaltes. In dieser Zeit weist er „darauf hin, dass der Wucher kein jüdisch verursachtes Problem sei, weshalb er sich bemüht, aus seiner Kooperativbewegung keinen Antisemitenverein werden zu lassen." (Vgl. Schneider 2005: 312). Aber schon 1892 trennte sich die Organisation von ihm – und blieb wie sie vorher war.

Ein „antisemitischer Impetus" war nicht selten in den ländlichen Vereinen und Genossenschaften zu Hause. Denn „die integrative Kraft antisemitischer Vorurteile galt als das geeigneteste Mittel, die Mitgliederbasis zu verbreitern. Daneben festigte die völkisch-nationale Einstellung der Raiffeisen-Vereine die eigene Verbandsideologie: die Vision einer autonomen Bauernschaft [...]." Hinzu kam ein weiteres Element: Je stärker die Genossenschaftsbewegung wuchs – und das nicht nur im Kreditwesen, sondern auch im Landhandel –, desto mehr musste „sie die Grundregeln kapitalistischen Handelns beachten" und schließlich mit denen konkurrieren, „die sie bis dahin als Händler und/oder Wucherer bekämpft hat." Dadurch „steigert sich in einer Art Vorwärtsstrategie ihre antisemitische Tonlage." (Schneider 2005: 313f.).

Das hatte schon recht früh Konsequenzen. Der Stellvertreter Raiffeisens als Anwalt im „Anwaltsverband ländlicher Genossenschaften" war Rudolf Weidenhammer. Ende 1879 trat er zurück. Helmut Faust schreibt in seiner Genossenschaftsgeschichte dazu: „Er begründete seinen Rücktritt mit dem Hinweis, daß seine politische und religiöse Überzeugung in Widerspruch stehe mit den Stimmungen, die in dem Kreis um Raiffeisen immer mehr zum Ausdruck kämen. [...] Die Kreditgenossenschaften hätten in erster Linie einen durchaus materiellen Charakter, und die stete Benutzung des Stichwortes ‚christliche Bruderliebe' könne in der öffentlichen Meinung nur dazu beitragen, daß man der Bestrebung andere Tendenzen unterlege als die Entwicklung der Genossenschaften. Des weiteren erklärte er, er sei ein geschworener Feind allen Agrariertums, das er als demagogisch ansehe, und er bedauere die gegenwärtige Zeitrichtung der Judenhetze, die eine vollständige Korruption und Entsittlichung in alle Kreise trage." (Faust 1977: 358). Weidenhammer beteiligte sich dann an der Gründung von Genossenschaften und Verbänden außerhalb der Raiffeisen-Sphäre, zusammen vor allem mit Wilhelm Haas.

Den Antisemitismus in der Raiffeisenorganisation verkörperte auch nach Raiffeisens Tod massiv auch der mittlerweile schon mehrmals erwähnte Wuttig: „Zum vollgültigen Beweise des Gesagten wolle man die interessanten Schriften des Vereins für Sozialpolitik oder – dies eine Beispiel ist typisch – die vor wenigen Jahren bekannt gewordenen Verhandlungen des großartigen Wucherprozesses in Offenburg in Baden vergleichen, aus denen sich ergibt, mit welcher teuflischen Raffiniertheit lediglich [!] jüdische Wucherer ihre Opfer zu umgarnen und bis aufs Blut auszusaugen verstehen. Vor allem aber geht aus diesem Prozesse hervor, welche ungeheure Macht und Ausdehnung diese Wucherringe mit ihren ‚Schnüfflern', ‚Schmusen', ‚Schleppern', ‚Machern' und Geldleuten in ganzen Provinzen unter den Augen der Behörden selbst in der Gegenwart haben gewinnen können zum unermeßlichen Schaden unseres Volkes." (Wuttig 1907: 17). Bei Wuttig kommt noch ein massiver völkischer Nationalismus hinzu. Für ihn waren die „polnischen, galizischen, russischen Arbeitermassen", die im Osten (damaligen Osten) Deutschlands in der Landwirtschaft arbeiteten, „diese Slaven", nämlich „die Todfeinde des Deutschtums" (Wuttig 1907: 12f.). Das Buch Wuttigs erreichte immerhin mindestens sechs Auflagen. So ging es weiter. Die Zeit der Weimarer Republik wird uns noch beschäftigen.

Ein kleiner Schlenker ist noch zu vollführen: Ludwig Hüttl veröffentlicht in seiner Darstellung zu Leben und Werk Raiffeisens auch ein alle tradierten Vorurteile korrigierendes Verzeichnis der vom „königlichen" (also preußischen) Gericht in Bonn von 1853 bis 1857 wegen Wucher bestraften Personen. Darunter befinden sich ein Doktor der Medizin, Gutsbesitzer, Schlosser, Schuster, Gastwirte usw. Dazu lautet Hüttls Kommentar: „Es waren also Bürger und

Landleute, die gut situiert, die Notlage ihrer Nachbarn zu eigenem Vorteil zu nutzen verstanden." (Hüttl 1988: 38).

Was bleibt eigentlich noch vom „jüdischen Wucher"?

4. Raiffeisens Anfang: Ein Resümee

Was für ein Bild bietet Raiffeisen? – Bei dem Versuch einer Antwort darauf sollen seine charakterlichen Eigenschaften außer Acht bleiben – denn, um es zu wiederholen, eine wirkliche Biografie muss noch geschrieben werden. Nur so viel sei erwähnt, dass er unter seinen Zeitgenossen und unmittelbar Nachgeborenen sehr unterschiedliche Bewertungen erfahren hat. Sie werden hier nicht alle referiert, sondern lediglich zwei gegensätzliche Urteile zitiert. Der ihm insgesamt wohlwollende Faßbender sagt in seinem Buch: „Besonders stößt sein salbungsvolles Pathos gepaart mit ethischem Rigorismus außerordentlich ab." (Faßbender 1902: 34). Und Adam Meyenschein, einer der Pfarrer, die sich der Raiffeisenorganisation verschrieben hatten, meinte: „An Raiffeisen, dem Christen, bewundern wir vor allem seine Demut." (Meyenschein 1902: 6).

Allerdings muss, was die Inhalte von Raiffeisens Aussagen angeht, hier noch einmal darauf hingewiesen werden, wie sehr er zu überzogenen, überspannten Meinungen neigte, die dann leicht zu Widersprüchlichkeiten führten. Da wären – was seine überzogenen Äußerungen betrifft – seine konstitutive Gläubigkeit zu nennen, sein gnadenloser Antisemitismus, seine maßlos übertriebene Wucher-Ideologie. Raiffeisens Neigung zu Widersprüchen hatte ich auch schon erwähnt. Einige markante Beispiele sollen noch einmal angeführt werden:

Im Westerwald findet der Wucher das ergiebiste Feld in Deutschland.	Ähnliche Fälle gibt es in Deutschland tausende.
Der Wucher ist das Schlimmste von allem, was den Bauern drückt.	Nicht der Wucher ist die Ursache der Not, sondern eigene Schuld.
Eine Familie nach der anderen wird zu Grunde gerichtet.	Es kamen mehrere Fälle vor, dass Familinie ruiniert wurden.
Politische Äußerungen haben bei den Genossenschaften keinen Platz.	Die socialdemokratische Partei muss bekämpft werden.

Die Raiffeisenvereine hatten bestimmte, ebenfalls konstitutive Prinzipien zu beachten, die von der Kommission des Landwirtschaftlichen Vereins für Rheinpreußen verabschiedet worden waren:

1. Beschränkung des Genossenschaftsbezirkes tunlichst auf eine Gemeinde.
2. Unbedingte Solidarhaft mit dem gesamten Vermögen.
3. Wenn möglich Vermeidung von Geschäftsanteilen.
4. Ehrenamtliche Tätigkeit der Vorstandsmitglieder.
5. Keine Kreditgeschäfte und keine Geldanlagen der Mitglieder außerhalb

ihres Vereins.

6. Hebung der Mitglieder in sittlicher Beziehung durch eigene Einrichtungen.

7. Mitgliedschaft in der Raiffeisenorganisation.

Dazu kamen weitere, von Raiffeisen formulierte Grundsätze:

8. Kenntnis der persönlichen Verhältnisse der Mitglieder bei dem Vorstand.

9. Verbot von Risikogeschäften.

10. Besetzung der Ämter in den Vereinen durch die dörfliche Elite.

11. Anwendung christlicher Vorstellungen in der Arbeit der Vereine.

12. Zentralisierung in eigenen Organisationen..

13. Kontrolle der Geschäftsführungen der Vereine durch die Organisation.

Aus diesen Grundsätzen ergaben sich mindestens zwei weit reichende Konsequenzen in Hinblick auf die Sozialbeziehungen in der dörflichen Gesellschaft:

1. Soziale Kontrolle gegenüber den Mitgliedern bis hin zur Erziehung zu Fleiß und Ordnung.

2. Verfestigung und Verstetigung der dörflichen Hierarchien.

Es gab eine intensive Vernetzung Raiffeisens mit staatlichen und halbstaatlichen Institutionen. Ohne intensivere Kenntnisnahme der möglicherweise heute noch vorhandenen, aber in verschiedenen Archiven verstreuten relevanten Dokumente, kann kaum mit Sicherheit unterschieden werden, welche Teile des Konzepts der Darlehnskassen-Vereine und seiner Umsetzung allein auf Raiffeisen zurückzuführen ist und welche Teile dem Einfluss vor allem des Landwirtschaftlichen Vereins für Rheinpreußen zu verdanken sind:

Dieser Verein hat zehn Jahre vor Raiffeisen Winzervereine nach den späteren Prinzipien Raiffeisens ins Leben gerufen.

Eine seiner Kommission, der auch Raiffeisen angehörte, hat die Prinzipien der ländlichen Kreditgenossenschaften Raiffeisens formuliert.

Staatlicherseits wurde eine Untersuchungskommission eingesetzt, um bestimmte, der Raiffeisenorganisation gemachte Vorwürfe zu untersuchen.

Die Konstruktion der Ausgleichsbank, der Rheinischen landwirtschaftlichen Genossenschaftsbank/Central Darlehnskasse ist gemeinsam in diesem Netzwerk entworfen worden.

Staatliche Institutionen haben der Raiffeisenorganisation erhebliche finanzielle Mittel zukommen lassen, bis hin zur direkten Subventionierung des Organisationsetats.

Raiffeisen musste aus rechtlichen und praktischen Gründen auf die

Realisierung mancher seiner Vorstellungen verzichten. Er hätte Einrichtungen der „reinen Christenpflicht" bevorzugt. Auch unter dem Einfluss von Schulze-Delitzsch bekamen sie Merkmale von Selbsthilfeeinrichtungen (unbeschränkte Solidarhaft aller Mitglieder) zugewiesen.

Was ihnen völlig fehlte, war die Verpflichtung zu – lebendiger – innergenossenschaftlicher Demokratie. Daran hat Raiffeisen nicht einen Gedanken verschwendet.

Die Vereine haben aber eines der zentralen Ziele Raiffeisens erreicht: Die Befreiung der kreditsuchenden Bauern von den Auflagen privater Geldverleiher.

Teil B: Das Ende

1. Die Weimarer Republik:
Ländliche Gesellschaft, Landwirtschaft, Verbände

a) Landwirtschaft und ländliche Gesellschaft

Jetzt sei ein Sprung über rund zwanzig Jahre hinweg getan – in die Zeit der Weimarer Republik. Wir wollen wissen, was aus Raiffeisens Anfang jetzt geworden ist und vielleicht noch werden wird. Dabei werden die politischen Ereignisse und Entwicklungen von 1918 an nicht eigens in den Blick genommen. Nur die Landwirtschaft und die ländliche Gesellschaft werden kurz betrachtet.

Vorher aber soll ein Absatz aus der Einleitung zu Heinrich August Winklers „Geschichte der ersten deutschen Demokratie" zitiert werden, der in zehn Zeilen versucht, die Zeit der Weimarer Republik zu charakterisieren: „Die Weimarer Republik: das war das große Laboratorium der klassischen Moderne, eine Zeit des kulturellen Aufbruchs, der Befreiung von hohlen Konventionen, der großen Triumphe einer weltoffenen künstlerischen und intellektuellen Avantgarde. Mit der ersten deutschen Republik verbindet sich aber auch die Erinnerung an gewaltsame Umsturzversuche und galoppierende Inflation, an Massenarbeitslosigkeit und politischen Radikalismus, an die Krisen und den Untergang einer Demokratie, der in den Augen vieler Deutschen von Anfang an der national Makel haftete, daß sie aus der militärischen Niederlage Deutschlands im Ersten Weltkrieg erwachsen war." (Winkler 1994: 11).

Der ländliche Teil der Gesellschaft spielte seinen eigenen Part. Die zwangswirtschaftlichen Maßnahmen in Deutschland während des Ersten Weltkrieges, die auch und gerade in starkem Maße ernährungswirtschaftlicher Natur waren, bedrängten intensiv auch die deutsche Landwirtschaft. Das hatte Konsequenzen für bäuerlichen Mentalitäten und Sichtweisen. Wehler spricht in diesem Zusammenhang vom Hass der Landbevölkerung „gegen die bürokratischen Eingriffe in die landwirtschaftliche Produktion und Distribution" und verweist auf die „ansteigende Flut der Verordnungen zur Kriegsernährungswirtschaft", auf Kontrolle und Gängelung, auf Beschlagnahmen von Erzeugnissen. (Wehler 2003: 87).

Aber die landwirtschaftlichen Organisationen unterstützten auch „die annexionistischen Kriegsziele und einen Siegfrieden." (Vgl. Wehler 2003: 87ff.). Schon zu Kriegsbeginn hatten sie einen Kriegsausschuss gebildet. An ihm war auch der Raiffeisenverband beteiligt. Der Ausschuss, ein lockeres Gefüge, war dazu gedacht, „die" Landwirtschaft mit einer Stimme sprechen zu lassen. Zur Jahreswende 1917/18 veröffentlichte der Kriegsausschuss (mit Zustimmung des Raiffeisenverbandes) einen Aufruf an die deutsche Landwirtschaft, „der in dieser ‚schicksalsschwersten Stunde zu einer gewaltigen Kraftanstrengung' an der Heimatfront anhielt: ‚Es handelt sich um Sein oder Nichtsein unseres Volkes!'" (Schumacher 1978: 81). Hier werden schon die gesellschaftlichen Brüche sichtbar, die auch und gerade nach dem Krieg bestimmend wurde. Denn wenige Monate vorher, im Juli 1917, hatte der Reichstag mit den Stimmen von SPD, Zentrum und Linksliberalen, die sich später in der „Weimarer Koalition" zusammenfanden, einen Aufruf zum Frieden verabschiedet. Und wenige Monate später kam es im Januar 1918 zu dem großen Munitionsarbeiterstreik, der auch Ausdruck des Sehnens nach Frieden war (vgl. Winkler 1994: 20).

Der Krieg und seine Konsequenzen führten zum Raubbau am Boden, zur Bestandsverschlechterung beim Vieh, zu Mangel an Futter, Dünger, Saatgut und Maschinen, zur Beschlagnahmung von Pferden (vgl. Wehler 2003: 89f., auch Schumacher 1978: 79f.). So hinterließ der Erste Weltkrieg in der Landwirtschaft „schlimme Spuren": Ausgelaugte Böden, reduzierten Viehbestand, verschlissene Geräte und Maschinen. (Vgl. Wehler 2003: 274).

In den Jahren nach dem Krieg besserte sich die Lage allmählich. In der Hyperinflation Anfang der 20er Jahre konnte die Schuldenlast der Landwirtschaft mit Hilfe des wertlosen Papiergeldes fast völlig getilgt werden. Ein Teil der seit 1914 unterlassenen Investitionen konnte nachgeholt werden. (Vgl. Wehler 2003: 279f.). Die Leistungsfähigkeit der Landwirtschaft stieg wieder allmählich. So war ab 1927 die inländische landwirtschaftliche Produktion wieder auf dem Vorkriegsstandard (vgl. Henning 1978: 19).

Aber der Aufschwung hatte eine böse Kehrseite. Es fehlte an Betriebskapital. Die Inflation hatte es mit sich gebracht, dass nur ein Teil der seit 1914 vernachlässigten Investitionen getätigt werden konnte, denn „die Ernte hatte gegen wertloses Geld den Besitzer gewechselt." Nach Wehler fehlte die notwendige Flexibilität, um die Betriebe auf die neuen Marktbedingungen umzustellen. Innerhalb kurzer Zeit nahm die Verschuldung wieder erheblich zu. „Zugleich waren die Reinerträge geringer, die Kreditkosten aber höher als vor 1914 [...]." Da die Landwirte „keine finanziellen Ressourcen besaßen, aber teure Kredite aufnahmen, standen sie einem weithin ‚hausgemachtem Problem' gegenüber, das sie in die neue Krise geschwächt hineinzugehen zwang." (Wehler 2003: 280). Die neue Krise war zu einem Gutteil eine Überproduktionskrise. „Die großen Getreideexportländer, die USA, Kanada, Australien und Argentinien, hatten seit einem halben Jahrhundert, während des Weltkrieges noch einmal beschleunigt, ihre Erzeugung gesteigert, bis sie 1926 statt der 13,5 Millionen Tonnen Weizen vor 1913 fast das Doppelte, 25 Millionen Tonnen, in Europa absetzen konnten." Die deutsche Landwirtschaft reagierte aber nicht mit Produktionseinschränkungen, sondern im Gegenteil mit einer Produktionssteigerung. Die deutschen Agrarpreise sanken trotzdem. „Folgerichtig setzte sich auch seit 1928 eine atemberaubende Abwärtsbewegung des Einkommens aus Unternehmen und Vermögen ein", und zwar von 1927 bis 1932 um fast 40 Prozent. (Vgl. Wehler

2003: 281f.). Verschuldung und Zwangsversteigerungen nahmen beträchtlich zu (vgl. Wehler 2003: 340).

Nach den Worten Ulrich Wehlers in „Deutsche Gesellschaftsgeschichte" ballte sich in der ländlichen Gesellschaft „ein hoch explosiver Sprengstoff zusammen." (Wehler 2003: 280ff.).

b) Die Landwirtschaftsverbände

Die größte landwirtschaftliche Organisation war der Reichslandbund. Er war von Beginn an durch eine unverhohlene Affinität zur Deutschnationalen Volkspartei (DNVP) gekennzeichnet. Sie wiederum ist nach 1918 aus dem Zusammenschluss der konservativen Parteien des Kaiserreichs entstanden. Sie war, wie Wehler formulierte, die „einzig stramm nationalistische, friedensverweigernde, ultrakonservative Alternative zu den Parteien der Weimarer Koalition", also der SPD, der linksliberalen Deutschen Demokratischen Partei und dem katholischen Zentrum. „Da noch keine republikweite operierende rechtsradikale Partei die Aufmerksamkeit auf sich zog und auch die Antisemitenparteien der Vorkriegszeit nicht wiedererstanden waren, band sie – auch programmatisch in ihren ‚Grundsätzen' von 1920 mit dem unverhohlenen Protest gegen ‚die Vorherrschaft des Judentums' – das mächtig anschwellende Potential der Antisemiten und Völkischen an sich." Bis zum Aufstieg der Nationalsozialisten habe sie auch einen starken Rückhalt in der bäuerlichen Bevölkerung gehabt. (Wehler 2003: 358). So war sie in den ländlich strukturierten Wahlkreisen Ostpreußen und Pommern lange Zeit stärkste Partei. (Vgl. St.Jb. 1928: 580f.). In den beiden Reichstagswahlen von 1924 wurde sie mit jeweils rund zwanzig Prozent der Stimmen zweitstärkste Partei. Diesen Platz erreiche sie auch 1928, wenn auch nur noch mit gut vierzehn Prozent. Danach wanderten ihre Wähler zu einem Großteil zur NSDAP ab. (Vgl. St.Jb. 1933: 539f.).

Der Reichslandbund umfasste (nach eigenen Angaben) 5,6 Millionen Mitglieder, darunter 1,7 Millionen Bauern – bei 5,1 Millionen landwirtschaftlichen Betrieben. Er hatte also – auf das Jahr 1925 bezogen – ein Drittel aller Höfe und Parzellen organisiert. (Vgl. Wehler 2003: 383; St.Jb. 1933: 56). Er stellte sich auch ideologisch in die Tradition des äußerst konservativen Bundes der Landwirte (BdL) der Kaiserzeit und übernahm auch die BdL-Bürokratie. Der Reichslandbund war also deutschnational orientiert und rechnete sich seit Ende der zwanziger Jahre zur sich selbst so nennenden „nationalen Opposition". An deren Treffen im Oktober 1931 in Bad Harzburg („Harzburger Front") war er beteiligt. (Vgl. Wehler 2003: 384 und Winkler 1994: 422). Bei den Reichspräsidentenwahlen im April 1932 unterstützte der Reichslandbund bereits Hitler und nicht Hindenburg, wie es seiner bisherigen Verbundenheit mit der Deutschnationalen Volkspartei entsprochen hätte (vgl. Wehler 2003: 341 u. 384).

Die „Vereinigung der deutschen Bauernvereine", was heißt, der katholischen

Vereine, war vor allem in Bayern und im katholischen Westen zentriert. Sie hatte – nach eigenen Angaben – 1,5 Millionen Mitglieder. Andreas Hermes war lange Jahre ihr Präsident. Sie war liiert mit dem Zentrum und der Bayerischen Volkspartei und forderte dementsprechend die „Neuordnung von Gesellschaft und Wirtschaft auf der Grundlage ständischer Gliederung." (Zit. n. Wehler 2003: 383). Die Vereinigung duldete eher demokratische Verhältnisse, als dass sie sie aktiv unterstützte.

Unter dem Druck der zunehmenden Agrarkrise gingen die beiden großen landwirtschaftlichen Organisationen zusammen mit einigen kleineren Verbänden und dem Deutschen Landwirtschaftsrat (der die Dachorganisation der regionalen Landwirtschaftskammern war) ein Bündnis ein, das als „Grüne Front" firmierte. Da es sich um eine eher lockere Arbeitsgemeinschaft handelte, blieben spektakuläre Erfolge aus. (Vgl. Wehler 2003: 383).

c) Der Reichsverband der deutschen landwirtschaftlichen Genossenschaften

Zur agrarischen Organisationslandschaft gehörten aber auch die Genossenschaftsverbände. Der größte von ihnen war der Reichsverband der deutschen landwirtschaftlichen Genossenschaften. Ich folge jetzt bis auf weiteres der Darstellung bei Faust, die angegebenen Seitenzahlen beziehen sich auf ihn (Faust 1977).

Der Reichsverband hatte schon eine längere Geschichte. Sie ist untrennbar mit dem Namen Wilhelm Haas verbunden. Haas, Jurist, war Verwaltungsbeamter und hatte dadurch Bezüge zur Landwirtschaft entwickelt. Sie führten zu seinem Engagement im hessischen Landwirtschaftlichen Verein und mit dessen Hilfe (wir erinnern uns an die Verbindung Raiffeisens zum Landwirtschaftlichen Verein für Rheinpreußen) zu Genossenschaftsgründungen. Es handelte sich um Bezugsgenossenschaften, die hier Konsumvereine genannt wurden. Die erste Gründung erfolgte Anfang 1872 in Friedberg. Im Jahr darauf kam es schon zur Verbandsgründung. Haas übernahm den Verbandsvorsitz. (Vgl. S. 388f.). Einiges hatten diese ländlichen hessischen Konsumvereine mit den städtischen Konsumvereinen, deren Handel sich auf Lebensmittel und Waren des täglichen Bedarfs erstreckte, gemeinsam: Beiden ging es, neben dem günstigen Einkauf, auch um den Bezug und die Weitergabe von unverfälschter Ware und um reelle Preise. Haas ist weiter oben schon einschlägig zitiert worden.

Auch die ländlichen Kreditgenossenschaften in Hessen (im Großherzogtum, mit Darmstadt als Residenzstadt – das heutige Südhessen) wurden zunächst nach den Prinzipien Schulze-Delitzschs, also als Volksbanken, gegründet. Seit 1873 entstanden daneben – auf der Grundlage des Raiffeisen-Buches – auch Darlehnskassen-Vereine. Sie betrieben nach dem von Raiffeisen vorgegebenen Muster auch den gemeinschaftlichen Einkauf landwirtschaftlicher Rohstoffe.

Bei diesen Kreditgenossenschaften hatte zunächst Rudolf Weidenhammer die Führung. Er wurde dann beim 1877 gegründeten Anwaltschaftsverband Raiffeisens stellvertretender Vorsitzender (ebenfalls mit dem Titel „Anwalt"). Wiederum zwei Jahre später bildeten die hessischen Darlehnskassenvereine einen eigenen, unabhängigen Verband, den „Verband hessischer landwirtschaftlicher Kreditgenossenschaften". Noch im gleichen Jahr nahm dieser Verband auch badische Vereine und nannte sich nun, ziemlich umständlich, „Verband der landwirtschaftlichen Kreditgenossenschaften im südlichen und westlichen Deutschland". Weidenhammer erklärte seinen Rücktritt als stellvertretender Anwalt in Raiffeisens Verband. Der Bruch war vollzogen. (S. 357ff.).

Weidenhammer begründete ja seinen Rücktritt – das ist hier schon dargestellt worden – mit der Überbetonung des christlichen Elements, der Vermischung von wirtschaftlicher Betätigung mit religiösen Bekenntnissen, der Judenhetze, „die eine vollständige Korruption und Entsittlichung in alle Kreise trage." (S. 358). So wurde der volltönende Anspruch Raiffeisens auf Sittlichkeit in der Genossenschaftsbewegung mit dem Vorwurf, er selbst fördere mit seiner „Judenhetze" die Unsittlichkeit, konterkariert. Weidenhammer wiederholte in einem Aufsatz zwei Jahre später seine Ablehnung allzu deutlicher Religiosität.

So standen denn grundsätzliche Überzeugungen – Abwehr sowohl der Überbetonung christlicher Glaubenssätze als auch des Antisemitismus – und eine andere organisatorische Konzeption am Anfang der Spaltung in der landwirtschaftlichen Genossenschaftsbewegung. Haas und Weidenhammer waren auch näher an Schulze-Delitzsch, da sie die Verbandsstrukturen dezentral verfassten. Sie waren damit auch näher an den Prinzipien genossenschaftlicher Demokratie. Denn sie spielte bei Haas – im Unterschied, um nicht zu sagen: im Gegensatz zu Raiffeisen – eine wichtige Rolle. Er sieht auch sich selbst in eher bescheideneren Dimensionen: „Die große Organisation der ländlichen Genossenschaften ist nicht das Werk einzelner Menschen, mögen auch bei dessen Erschaffung einzelne begeisterte und befähigte Männer, als in den Einzelheiten den Weg weisend, sich noch so große Verdienste erworben haben. Nein, wahrhaftig nicht! Die Entwicklung kam und mußte kommen von unten herauf, aus der Masse kommen, nicht von oben. Darin zeigt sich ja das Wesen und der demokratische Charakter der genossenschaftlichen Verbindung." (Zit. n. S. 387). Faust kommentiert diese Aussagen Haas' folgendermaßen: „Die Demokratie der Genossenschaft, die Absage an die Überbewertung der Person im Leben und in der Verwaltung der Genossenschaft, das sind die Leitgedanken gewesen, unter die Wilhelm Haas seine Lebensarbeit gestellt hat." (S. 387). Vergleichbares ist über Raiffeisen noch nicht gesagt worden.

Der Haas-Verband trat seit 1890 – nach seiner Ausdehnung auf ganz Deutschland – unter dem Namen „Allgemeiner Verband der landwirtschaftlichen Genossenschaften des Deutschen Reiches" auf und seit 1903 unter dem Namen „Reichsverband der deutschen landwirtschaftlichen Genossenschaften". Die

Satzung nannte als Aufgaben des Verbandes „Wahrung und Vertretung gemeinsamer Interessen, insbesondere auf dem Gebiet der Gesetzgebung und Verwaltung". Hinsichtlich der dezentralen Verfassung hieß es ausdrücklich unter Verweis auf die regionalen Unterverbände: „Die Selbstständigkeit, innere Einrichtung und Verwaltung dieser Verbände wird durch die Zugehörigkeit zum Allgemeinen Verband in keiner Weise beeinträchtigt." (Vgl. Neumann 1903: 14f.). Der Reichsverband betonte immer wieder die genossenschaftliche Unabhängigkeit, „insbesondere der Unabhängigkeit von Staatshilfe". (Zinke 1999: 21, vgl. auch Faust 1977: 403). Das war, wie wir gesehen haben, bei der Raiffeisenorganisation und bei Raiffeisen selbst anders gewesen und sollte auch noch in den zwanziger Jahren anders sein. Auch in dieser Zeit wurde vom Reichsverband weiterhin „eine besondere Betonung der christlichen Nächstenliebe mit Hinweis auf den nüchternen und ökonomischen Alltagsbetrieb abgelehnt." (Zinke 1999: 22).

Haas bevorzugte eindeutig die Schaffung eigenständiger Ankaufsgenossenschaften. Der Genossenschaftstag von 1890 beschloss auf seine Initiative: „Es ist zu widerraten, daß durch eine und dieselbe Genossenschaft verschiedene Zwecke als Gegenstand des Unternehmens vorgesehen und verfolgt werden." (Faust 1977: 393). Hugo Zeidler stellt dazu fest, „daß sich so verschiedene Geschäftszweige, wie es das Vorschußgeschäft und die Beschaffung landwirtschaftlicher Betriebsmittel sind, bei einiger Ausdehnung nicht durch eine und dieselbe Verwaltung erledigen lassen, weil sie geschäfts- und sachkundige Männer verlangen, welche ihre Arbeit auf die Dauer nicht unentgeltlich herzugeben imstande sein werden." (Zeidler 1893: 328). Professionalität in den Geschäften war also angesagt. Dagegen übernahm man vor allem die Kleinheit der Bezirke und den Verzicht auf Geschäftsanteile von Raiffeisen. Das letztere galt allerdings nur so lange, wie der Zwang zu Geschäftsanteilen politisch und rechtlich noch nicht eindeutig geklärt war. Die unbeschränkte Haftpflicht galt auch für die Haas-Genossenschaften (vgl. Faust 1977: 396).

Wilhelm Haas, der 1913 starb, war von 1898 bis 1912 als Mitglied der Nationalliberalen Fraktion Abgeordneter des Deutschen Reichstages; die Nachfolgepartei der Nationalliberalen in der Weimarer Republik war die Deutsche Volkspartei. Zusammenfassend sagt Faust über Wilhelm Haas, er „war der Organisator des deutschen landwirtschaftlichen Genossenschaftswesens" (Faust 1977: 402), nachdem er schon an anderer Stelle formuliert hatte: „Die Geschichte wäre sehr ungerecht, wenn sein Stern, der zu seiner Zeit so hell gestrahlt, verdunkelt würde von dem Stern Raiffeisens, der im Namen nahezu jeder ländlichen Genossenschaft noch heute wiederkehrt." (Faust 1977: 387).

Nachdem das zentrale Bankinstitut der Haas-Genossenschaften (nach dessen Tod, aber noch vor Ausbruch des Ersten Weltkrieges) in den Ruin geraten war (vgl. Faust 1977: 398f.), arbeitete der Reichsverband hinsichtlich des Geldausgleichs zwischen den Kreditgenossenschaften mit der Preußenkasse zusammen (vgl. Zinke 1999: 21). Da die Preußenkasse hier noch weitere Auftritte haben wird, sei schon an dieser Stelle eine kurze Erläuterung zu ihr gegeben. Sie wurde 1895 als staatliche Kreditanstalt Preußens gegründet. Ihr „nächstliegender Zweck" bestand im Geldausgleich zwischen den genossenschaftlichen Organisationen. Sie sollte die Verbindung des Genossenschaftswesens zum allgemeinen Geldmarkt herstellen. Die Aufsichtsbehörde war der preußische Finanzminister. Das Direktorium war eine Staatsbehörde. Sein Präsident und die übrigen Mitglieder wurden von der preußischen Regierung auf Lebenszeit ernannt. Der Staat haftete aber nicht. Genossenschaftliche Beteiligungen waren möglich, sind aber kaum erfolgt, weil damit keinerlei Rechte verbunden waren. Das änderte sich 1923/24 durch eine Gesetzesänderung. Seit 1918 konnten auch Einzelgenossenschaften Kredite erhalten; vorher war das nur für zentrale Genossenschaftsinstitute möglich. „Heute [1928] ist die Preußenkasse die Zentralbank für das gesamte deutsche Genossenschaftswesen aller Richtungen" und zwar in ganz Deutschland. Das Grundkapital betrug Ende 1926 66,6 Mio. Reichsmark. (Vgl. Krebs 1928a: 707ff.).

Übrigens geriet die Preußenkasse Ende der zwanziger Jahre in Schwierigkeiten. Die Gründe dafür waren das Missverhältnis sowohl zwischen Eigenkapital und Kreditengagement als auch zwischen den Fälligkeiten von Forderungen und Verbindlichkeiten. „Auf dem Höhepunkt der öffentlichen Diskussionen wurde ihr Präsident Semper, dem man eine zu große Servilität gegenüber großagrarischen Interessen vorwarf, am 13. Januar 1928 vom Preußischen Staatsministerium durch Klepper ersetzt. Die Maßnahme stieß auf Unverständnis bei den den bisherigen Präsidenten schätzenden und an der Absetzung unbeteiligten genossenschaftlichen Anteilseignern und auf Ablehnung der agrarischen Seite." (Zinke 1999: 190). Klepper (Mitglied der linksliberalen Deutschen Demokratischen Partei) wurde 1931 preußischer Finanzminister, aber schon ein Jahr später durch den Zugriff der reaktionären Reichsregierung unter Papen auf die preußische Regierung (den so genannten Preußenschlag) amtsenthoben.

Beim Reichsverband waren 1925 insgesamt 27 Landes- und Provinzialverbände Mitglieder; sie waren zugleich die Revisionsverbände. Zu ihnen gehörten neben 79 Zentralgenossenschaften:

Über	13.000 Spar- und Darlehnskassen,
über	4.000 Bezugs- und Absatzgenossenschaften,
knapp	3.000 Molkereigenossenschaften und
fast	6.000 sonstige Genossenschaften, insgesamt also
fast	26.000 Genossenschaften (gerundete Zahlen, vgl. Gennes 1928: 720.).

Die Bereiche der sonstigen Genossenschaften waren sehr ausgedehnt; unter ihnen befanden sich solche für Saatzucht, Mühlen und Ölmühlen, Flocken- und Trocknungsfabriken, Obst- und Gemüsebau, Brennereien und Spiritusverwertung, Weinbau, Gartenbau, Viehverwertung, Eierproduktion, Geflügel- und Kleintierzucht, Weidewirtschaft, Honiggewinnung, Fischerei und Fischverwertung, Elektrizitätsgewinnung, Wasserversorgung, Drusch, Kraftpflug- und Maschinennutzung, Ziegeleien, ferner 101 Siedlungs- und Pachtgenossenschaften, 39 Baugenossenschaften, 18 Buchführungsgenossenschaften und – immer noch – 236 sonstige Genossenschaften. Sie alle zusammen zählten rund 2,8 Millionen Einzelmitglieder. (Vgl. Gennes 1928: 721). Darunter waren mit sehr großer Wahrscheinlichkeit viele Doppelmitgliedschaften.

Von den Kreditgenossenschaften gaben knapp über 11.000 (das sind 85%) ihre Kennziffern an den Verband weiter. Daraus ergeben sich Hinweise auf ihre Einzelmitglieder. Von denen waren 1925

rund	770.000 Landwirte;
weitere knapp	440.000 Mitglieder hatten andere Berufe und
gut	12.600 Mitglieder waren Gemeinden und juristische Personen.
Insgesamt über	1 220.000 Mitglieder.

(Gerundete Zahlen, vgl. Gennes 1928: 725).

Die Klientel dieser ländlichen Kreditgenossenschaften umfasste also weit mehr als nur unmittelbar bäuerliche Kreise.

2. Die Raiffeisenorganisation

a) Der Generalverband

Die Raiffeisenorganisation änderte einige Male ihren Namen, bis sie sich ab 1905 „Generalverband der deutschen Raiffeisengenossenschaften" nannte (vgl. Richter 1966: 150f.). Das blieb auch in der Zeit der Weimarer Republik so. An der Spitze stand ein Generaldirektor. Seit 1910 war das Hermann Dietrich; er war Eigentümer zweier Rittergüter, gehörte seit 1898 als konservativer Abgeordneter dem Reichstag an, ging dann nach 1918 zur Deutschnationalen Volkspartei und wurde 1920 Vizepräsident des Reichstages (vgl. Faust 1977: 376).

Seit den neunziger Jahren des 19. Jahrhunderts wurde das Prinzip, wonach die Darlehnskassen sich auch um Einkauf und Verkauf ihrer Mitglieder kümmern sollten, also um das Warengeschäft, allmählich aufgeweicht. Von Seiten der Organisation wurden jetzt gezielt eigene Warengenossenschaften dafür errichtet. Die organisatorische Zusammenfassung dafür wurde ebenfalls einige Male umstrukturiert. Mitten im Ersten Weltkrieg, 1917, wurde dafür die „Wirtschaftsgesellschaft der Raiffeisenschen Warenzantralen GmbH" gegründet. (Vgl. Faust 1977: 370f.). Das zentrale Bankinstitut nannte sich seit 1923 „Deutsche Raiffeisenbank A.-G."

Bei der Raiffeisen-Organisation galten auch in den zwanziger Jahren die alten Prinzipien für die Vereinsstrukturen. So hieß es im Paragraphen drei der Mustersatzung, die die Organisation für die Vereine vorgab: „Der Verein will weniger geschäftliche Gewinne erzielen, als vielmehr die wirtschaftlich Schwachen stärken und das geistige und sittliche Wohl seiner Mitglieder fördern." Dem sollten u. a. dienen: „die Förderung des Sparsinns", „Einrichtungen der ländlichen Wohlfahrts- und Heimatpflege", „die Bekämpfung des gemeinschädlichen Handelns mit Grundstücken" (was immer das heißen sollte), „die Veranstaltung belehrender Vorträge". Der Paragraph vier der Mustersatzung lautete: „Der Verein beruht auf christlicher und staatstreuer Grundlage. In den Versammlungen und bei der ganzen Vereinstätigkeit sind Erörterungen und Maßnahmen konfessioneller und politischer Art ausgeschlossen." (Vgl. Generalverband 1925: 10). Auf die Staatstreue wird noch zurückzukommen sein.

Die Verpflichtung des Mitgliedes zur Zeichnung eines Geschäftsanteils war schon seit längerem in der Satzung verankert. Nach wie vor waren unbeschränkte Haftpflicht und kleinteilige Vereinsbezirke gemäß Satzung bindend. In diesem Zusammenhang wird weiter gesagt, dass die „Verwaltungsorgane, Vorstand und Aufsichtsrat, sowie der Rechner die Augen offen halten und bei einem etwaigen Rückgang der Vermögensverhältnisse der Schuldner oder Bürgen rechtzeitig in geeigneter Weise einschreiten werden. Sie sind hierzu um so eher in der Lage, als die verhältnismäßig geringe Ausdehnung des Vereinsbezirks eine möglichst genaue und fortlaufende Kenntnis der einschlägigen Verhältnisse gewährleistet." Der Vorstand sollte „sein Augenmerk auch auf die herrschenden allgemeinen Zustände im Vereinsbezirk" richten. (Vgl. Generalverband 1925: 12ff.). Um es deutlich zu machen: Das ist eine offizielle Verlautbarung des Verbandes, abgedruckt 1925! Bei diesem Aufruf zu massiver sozialer Kontrolle kann man getrost als sicher annehmen, dass damit nicht nur die pünktlichen Rückzahlungen der Darlehen im Fokus standen, sondern auch sonst ein ordnungsgemäßes Verhalten entsprechend dem Kodex der Dorfhierarchen, handele es sich um unerwünschte politische Aktivitäten oder außereheliche Verhältnisse (soweit nicht die Mägde im wahrsten Sinne des Wortes betroffen waren).

Die ehrenamtliche Tätigkeit des Vorstandes war ebenfalls noch vorgesehen, so wie auch das Warengeschäft (vgl. Generalverband 1925: 14 u. 20).

Der Generalverband war nach wie vor durchweg zentralistisch aufgebaut. Denn „Leitbild war eine Universalgenossenschaft, die sowohl den Bezug, wie auch den Vertrieb und die eventuelle notwendige Kapitalbeschaffung besorgte, wegen ihrer ehren- und nebenamtlichen Verwaltung jedoch der Anbindung an wirtschaftliche Zentralen bedurfte und eine erhebliche Unterstützung durch die Verbandstätigkeit nötig hatte." (Zinke 1999: 24).

Dem Generalverband gehörten – Mitte der zwanziger Jahre – 15 regionale Verbände an. Sie bestanden offensichtlich nicht überall in Deutschland. Sachsen fehlte (sowohl der Freistaat als auch die preußische Provinz) ebenso wie Westfalen und vermutlich auch die Provinz Hannover. (Vgl. Generalverband 1925: 30). In jedem Verbandsbezirk gab es eine Zentralwarengenossenschaft (vgl. Krebs 1928b: 323). Zu den regionalen Verbänden gehörten am 1. Januar 1927

über   6.000   Spar- und Darlehnskassenvereine (in der Regel mit Warengeschäft) und

über   2.600   so genannte Betriebsgenossenschaften, darunter An- und Verkaufsgenossenschaften, Molkereigenossenschaften, Winzergenossenschaften, Viehverwertungsgenossenschaften, Dreschgenossenschaften, Zucht- und Weidegenossenschaften, sowie Brennerei-, Kartoffeltrocknungs-, Kornhaus- und andere Genossenschaften. (Gerundete Zahlen, vgl. Krebs 1928b: 320).

Von den Spar- und Darlehnskassenvereinen gaben über 5.300 (gleich 88% aller) ihre Kennziffern an ihre Verbände weiter. Von ihren Einzelmitgliedern waren
rund   325.000 Landwirte,
rund   225.000 hatten andere Berufe,
gut   2.600 Gemeinden und juristische Personen.

Insgesamt hatten die Darlehnskassen über 550.000 Mitglieder.

(Gerundete Zahlen, vgl. Krebs 1928b: 324f.).

Interessanterweise finden sich unter den anderen Berufen fast 11.500 Pfarrer und Lehrer. Das sind durchschnittlich über zwei von ihnen je Genossenschaft, in der Idealbesetzung wären das der Vorsitzende und der Rechner.

In den Jahren der Weimarer Republik nahm die Zahl der landwirtschaftlichen Genossenschaften in Deutschland beträchtlich zu. Von 1919 (die Gebietsabtrennungen nach dem Ersten Weltkrieg bereits berücksichtigt) bis 1929 (vor der vollen Wirkung der Weltwirtschaftskrise) hatte sie sich – saldiert – um rund 10.000 erhöht. Das ist mehr als ein Drittel. Dabei stieg die Zahl der Raiffeisengenossenschaften im Generalverband lediglich um ein Fünftel. In den übrigen Verbänden waren es 38 Prozent, also fast zwei Fünftel:

	1919	1929	Veränderung
Mitglieder im Generalverband (Raiffeisen)	6.689	8.061	+ 20,5%
Mitglieder in den übrigen Verbänden	23.444	32.335	+ 37,9%
Summen	30.133	40.396	+ 34,1%

(Vgl. Schürmann 1938: 57).

Es gab offensichtlich Gründe, die die Attraktivität der Raiffeisenorganisation minderten.

Interessant mag noch eine Übersicht darüber sein, wie sich die Zahl der Genossenschaften (in diesem Fall 1930) auf Reichsverband, Generalverband, übrige Verbände und verbandslose Genossenschaften verteilte:

Mitglieder im Reichsverband	28.674 = 67,2%
Mitglieder im Generalverband	8.020 = 18,8%
Mitglieder in den übrigen Verbänden	3.434 = 8,0%
Verbandslose Genossenschaften	2.540 = 6,0%
Genossenschaften insgesamt	42.688

(Vgl. Schürmann 1938: 58).

Der Reichsverband vereinte 1930 also etwas über zwei Drittel aller landwirtschaftlichen Genossenschaften in Deutschland auf sich; beim Generalverband machten sie weniger als ein Fünftel aus. Oder anders formuliert: Die Zahl der Mitglieder beim Reichsverband betrug das 3,7-fache der Mitgliederzahl des Generalverbandes.

Ein weiteres Mal sollen noch Zahlenangaben herangezogen werden. Die amtliche Statistik jener Jahre lieferte auch Zahlen zur Verteilung der landwirtschaftlichen Betriebe auf Betriebsgrößen, genauer auf Betriebsgrößenklassen. Nach dem gleichen Prinzip hatten auch Reichsverband und Generalverband ihre Daten aufgeschlüsselt, und zwar in Hinblick auf die Mitglieder ihrer Kreditgenossenschaften. Zunächst ist festzuhalten, dass die 767.000 Landwirte, die Mitglieder bei Kreditgenossenschaften des Reichsverbandes waren (und zu ihren Betrieben Größenangaben gemacht haben), sich ähnlich auf die Betriebsgrößenklassen verteilen wie die 314.000 Landwirte in den Kreditgenossenschaften des Generalverbandes:

Anteil der Landwirte beim Reichsverband	Größenklassen der Betriebe (in Hektar der Nutzfläche)	Anteil der Landwirte beim Generalverband
17%	unter 2 ha	19%
29%	2 bis 5 ha	30%
39%	5 bis 20 ha	38%
15%	20 bis 100 ha	12%
1%	über 100 ha	1%

(Gerundete Zahlen, vgl. Gennes 1928: 725 für Reichsverband u. Krebs 1928b: 324f. für Generalverband).

Zur Erläuterung: 17 Prozent der Landwirte, die Mitglied in einer Kreditgenossenschaft des Reichsverbandes waren, bewirtschafteten Betriebe mit einer Nutzfläche unter 2 Hektar und so fort. In der folgenden Übersicht wird gezeigt, wie hoch der Anteil der Landwirte (auf Deutschland insgesamt bezogen) in den einzelnen Betriebsgrößenklassen war, die Mitglied beim Generalverband waren:

In der Größenklasse	bis 2 ha Nutzfläche	waren	2,0%,
	2 bis 5 ha	waren	10,3%,
	5 bis 20 ha	waren	12,3%,
	20 bis 100 ha	waren	19,3%,
	über 100 ha	waren	18,8%

der landwirtschaftlichen Betriebe in Deutschland 1925/26 Mitglied in einer Kreditgenossenschaft des Generalverbandes der deutschen Raiffeisengenossenschaften. Von allen Betrieben waren es 6,2%.

Von den kleinen und mittleren Betrieben bis 20 ha NFL waren es   5,6%,

von den Großbetrieben (über 20 ha Nutzfläche) waren es   19,2%.

(Gerundete Prozentangaben, vgl. auch für die absoluten Zahlen St. Jb. 1933: 56 für Deutschland u. Krebs 1928b: 324f. für Generalverband).

Das ist ein überraschender Befund. Raiffeisen war angetreten, den armen kleinen Bauern zu helfen und ihnen den Weg zur gemeinschaftlichen Selbsthilfe aufzuzeigen. Jetzt, Mitte der zwanziger Jahre, fünfzig, sechzig Jahre später, waren unter den Mitgliedern der Darlehnskassen-Vereine Raiffeisens die Großbetriebe extrem überrepräsentiert. Die Zwergbetriebe spielen eine wesentlich kleinere Rolle und selbst der Anteil der mittleren Betriebe ist erheblich kleiner als der der Großbetriebe. Wir hatten gesehen, dass auch zu dieser Zeit laut Mustersatzung der Organisation eigentlich die wirtschaftlich Schwachen gestärkt werden sollten.

b) Der Kollaps der Raiffeisenbank

Im Gefüge der landwirtschaftlichen Genossenschaften war der Raiffeisenverband in den zwanziger Jahren des 20. Jahrhunderts also wesentlich kleiner als der Reichsverband. Aber nicht nur das, die Raiffeisenorganisation war erheblich angeschlagen.

Anfang 1926 stellte sich nämlich heraus, dass die Raiffeisenbank „in eine äußerst gefährliche Schieflage" geraten war. Es wurde eine neue Führung sowohl bei der Raiffeisenbank als auch beim Generalverband installiert. Neuer Vorstandsvorsitzender der Bank und zugleich neuer Generaldirektor des Verbandes wurde Magnus Freiherr von Braun. Er war vorher Verbands- (also Regional-) Direktor für Brandenburg (und zugleich für die Provinz Posen-Westpreußen und für Schleswig-Holstein mit seiner sehr geringen Anzahl von Raiffeisen-Genossenschaften) gewesen und wird uns noch ausführlicher beschäftigen. Er stellte später fest, er habe eine Situation vorgefunden, „die einem Trümmerhaufen glich". (Vgl. v. Braun 1930a: 8). Aus dem Geschäftsbericht, den er am 23. Juni 1926 in Hamburg vor der Generalversammlung (also vor den Vorständen der Darlehnskassen-Vereine) der Raiffeisenbank vortrug, geht Folgendes hervor: Innerhalb von nur zwei Jahren, 1924 und 1925, wurden „außergenossenschaftliche Kredite an Nichtlandwirte in Höhe von etwa 50 Millionen Reichsmark" vergeben. Kreditnehmer waren eine Pianofortefabrik, eine Uhrenfabrik, Braunkohlenwerke, eine Wurstfabrik usw. Skurril muten, jedenfalls heutzutage, die Sicherheiten an, die die Bank erhalten hatte: „Läger an Chemikalien, an Spiegelglas, an Strähnengurten und Automobilen"; ferner „Holzstapel, drei große 10.000 Tonnen Turbinendampfer, großstädtisches Baugelände, Häuser, chemische Handelsunternehmungen und manches andere". (Vgl. Raiffeiseninstitute 1926: passim). In seinen, nach dem Zweiten Weltkrieg geschriebenen Lebenserinnerungen erklärt Braun, bei Strähnengurten habe es sich um „gewisse Sattelgurte" gehandelt (vgl. v. Braun 1955: 189).

Heutzutage mögen 50 Millionen Euro nach nicht allzu viel aussehen. Damals machten die notleidenden Kredite, jene 50 Mio. RM, in der Bilanz der Raiffeisenbank für 1925 fast ein Viertel der Forderungen aus, die heute unter Bezeichnung „Forderungen an Kunden und Kreditinstitute" in einer Bilanz enthalten wären. Der Geschäftsbericht der Raiffeisenbank für 1925 verzeichnet sie unter „Debitoren" und nennt dafür die Summe von insgesamt rund 207 Mio. RM. Um die Dimensionen deutlich zu machen: Den 50 Mio. RM entsprächen im Verhältnis bei der Berliner Volksbank 2015 mehr als 2,1 Mrd. Euro im einschlägigen Bilanzposten. Bezogen auf das Eigenkapital (26 Mio. RM 1925 bei der Raiffeisenbank und 848 Mio. Euro 2015 bei der Berliner Volksbank) wären es heute beim Berliner Institut 1.630 Mio. Euro. (Vgl. Raiffeisenbank 1925 u. Berliner Volksbank 2015: 4f.). Es handelte sich um exorbitante Ausmaße.

Braun gab seiner Vermutung Ausdruck, dass am Anfang bei kleineren Krediten Verluste gedroht hätten, die durch Gewährung größerer Kredite an die gleichen Schuldner vermieden werden sollten. „Die banktechnische Leitung" habe nicht den Mut aufgebracht, einen begangenen Fehler einzugestehen und kam so auf „die abschüssige Bahn weiterer Kreditgewährung". Die Kontrolle sei mangelhaft gewesen. Bei den Kreditnehmern habe es sich um „Subjekte" gehandelt, „deren Wurzeln aus dem Sumpf der Inflation und der Deflation ihre Lebenskraft zogen". (Vgl. Raiffeiseninstitute 1926).

Drei Jahre später gab Braun vor einem Untersuchungsausschuss des Preußischen Landtages am 4. Dezember 1929 noch weitere Informationen. Der Beginn der Entwicklung in die Katastrophe habe in bestimmten Bedingungen des Ersten Weltkrieges gelegen. Damals flossen über die Darlehnskassen-Vereine Gelder aus den landwirtschaftlichen Betrieben an die Zentrale (wahrscheinlich waren aus kriegswirtschaftlichen Gründen kaum kostenträchtige Investitionen möglich). Die Zentrale vergab deshalb Kredite an Kommunalverbände, Städte und öffentliche Körperschaften („musste" in der Diktion Brauns diese Kredite vergeben). Es handelte sich um eine Geldanlage, „die völlig außerhalb der im Frieden üblichen Darlehnsgeschäfte lag." In der Inflationszeit habe die Bank dadurch fast 300 Millionen Goldmark verloren, denn die Kredite seien mit wertlosem Papiergeld getilgt worden. Diese Geschäfte seien eigentlich von der Satzung nicht gedeckt gewesen. So begann die „Kreditgewährung an nichtgenossenschaftliche Kreise". Die Satzungsverstöße wurden aber nicht beendet, sondern durch eine Satzungsänderung 1923 für die Zukunft legalisiert.

Verantwortlich dafür seien Prokuristen gewesen. „Man schenkte diesen Prokuristen offenbar ein unbegrenztes und unverdientes Vertrauen." Auch dem Vorstand habe es an ausreichender Sachkenntnis gefehlt, und er verfügte nicht über die „notwendige Erfahrung und Schulung. Und schlimmer noch, es fehlte die harmonische Zusammenarbeit innerhalb des Bankvorstandes wegen der Verschiedenheit und Gegensätzlichkeit der Charaktere [...]. Die Arbeit des Vorstandes war infolgedessen zersplittert und ohne jede Einheitlichkeit." (v. Braun 1930a: 5ff.). Braun zählte bei dieser Gelegenheit noch einmal die merkwürdigen Sicherheiten auf, in deren Besitz die Bank sich Anfang 1926 befunden hatte. Demnach handelte es sich auch um ein großes Hotel in Berlin, eine Reederei mit einem Vergnügungsdampfer, eine Dampfwollwäscherei, eine Schiffswerft, eine Holzsägerei, große Rittergüter, Lager an Arzneien, Fensterglas, Kognak, goldenem Schmuck, Tabak, Schuhen.

Die Vorkommnisse in der Raiffeisenbank und deren Folgen offenbarten also ein erschreckendes Ausmaß an Inkompetenz in Hinblick auf Bankgeschäfte, angemessene Personalauswahl, Führungsqualitäten, Implantation von Kontrollmechanismen. Das alles zeigt aber auch, wie geringschätzig diese Generation von Raiffeisenleuten mit dem Vermächtnis, mit den Prinzipien des Gründers umgingen. Immerhin hatte Raiffeisen nachdrücklich auf die Gefahren spekulativer Geschäfte hingewiesen, etwa mit den deutlichen Worten: „Dem Vorstande sind alle mit irgend einer Gefahr verbundenen Geschäfte ausdrücklich verboten." (Raiffeisen 1888: 4). Ironischerweise hatte der Generalverband in einer 1925 erschienenen Broschüre den Grundsatz Raiffeisens, äußerste Vorsicht bei Bankgeschäften walten zu lassen, noch einmal beschworen. In der Broschüre heißt es nämlich, die Raiffeisen-Organisation sehe eine große Sicherheit für die ihm angehörenden Kreditgenossenschaften auch darin, dass die „Mitglieder der Verwaltung" als Mitglieder der Genossenschaft selbst an der unbeschränkten Haftpflicht der Vereinsmitglieder beteiligt sind. Deshalb werde „bei der Führung der Geschäfte mit der gehörigen Vorsicht und Umsicht zu Werk gegangen". (Generalverband 1925: 13). Für die Organisaionsspitze galten offenbar andere Maßstäbe.

Es war auch nicht die erste Krise der Raiffeisenbank. Schon vor 1900 hatte sie schwere Verluste hinnehmen müssen und war zudem in Liquiditätsprobleme geraten, weil sie kurzfristig aufgenommene Gelder langfristig angelegt hatte. Vor den Risiken einer solchen Politik – Missverhältnis zwischen kurzfristigen Einlagen und längerfristigen Ausleihungen – hatte schon Schulze-Delitzsch gewarnt, sogar konkret bezogen auf die Darlehnskassen-Vereine (vgl. Schulze-Delitzsch 1875: 15ff.). Damals half die Preußenkasse; jetzt – 1926 – abermals, wie wir gleich sehen werden. Die Probleme wiederholten sich zwischendurch sogar noch einmal vor dem Ersten Weltkrieg. „Im Jahre 1910 hatte sie erneut eine tiefgreifende Sanierung durchführen müssen." (Vgl. Faust 1977: 378f., auch Richter 1966: 152f.). Nicht ohne Grund gesteht v. Braun – vor dem Untersuchungsausschuss des Preußischen Landtages – ein, dass ein Zusammenbruch der Bank, „ein Stoß nicht nur für die Raiffeisen-Organisation, sondern darüber hinaus für die genossenschaftliche Idee überhaupt gewesen [wäre], von dem sich das Genossenschaftswesen – wenn überhaupt – erst nach Jahrzehnten erholt hätte [...]." (v. Braun 1930a: 9).

Es kam noch mehr hinzu: Auch die genossenschaftlichen Warenanstalten hatten „damals", also 1926, wie Braun vor dem Untersuchungsausschuss erklärt, Verluste gemacht. Dabei verwickelt er sich in einen merkwürdigen Widerspruch. Einerseits stellt er fest, diese Verluste waren „damals", als es um die Existenz der Bank ging, nicht bekannt und konnten auch noch nicht bekannt sein, weil sie viel später erst in Erscheinung getreten seien. Einen Satz später nimmt er diese Behauptung wieder zurück, denn man sei schon „damals" sich darüber klar gewesen, dass solche Verluste bei den Warenanstalten wahrscheinlich seien. Also hatte offensichtlich auch hier die Kontrolle versagt – zum gleichen Zeitpunkt, als man das Desaster der Bank erkannt hatte. Braun nennt als einen der Gründe für die Lage der Warenanstalten, sie seien auf Grund des Ankaufs von Immobilien illiquide gewesen. (v. Braun 1930a: 10). Also auch hier wurde schlecht und verantwortungslos gewirtschaftet. In einem Satz: Die Raiffeisen-Organisation hatte geschäftlich auf der ganzen Linie versagt.

Zur Rettung der Bank wurde mit der Preußenkasse verhandelt. Man war schließlich seit Raiffeisens Zeiten an staatliche Unterstützung gewöhnt. Die Maximalerwartungen von Verband und Bank erfüllte die Preußenkasse aber nicht. Am Ende wurde folgendes Konzept vereinbart und umgesetzt: Die Preußenkasse gewährte einen Überbrückungskredit von 40 Millionen Mark, auslaufend 1938, für einen „tragbaren" (notfalls also nach unten angepassten) Zinssatz. Die Tilgung sollte aus den erwarteten Jahresüberschüssen erfolgen, ohne feste Tilgungsrate. Für den Überbrückungskredit erwartete die Preußenkasse Bürgschaften der einzelnen Genossenschaften in gleicher Höhe. Später erhielt die Preußenkasse aus dem Staatshaushalt 25 Millionen RM, um – vermutlich nur zu einem Teil – die Verluste aus den Abschreibungen ihrer Forderungen an Raiffeisen-Genossenschaften und Raiffeisen-Warenanstalten auszugleichen. (Vgl. Raiffeiseninstitute 1926: 271 u. v. Braun 1930a: 13). Weitere Maßnahmen, vor allem alle nur denkbaren Kosteneinsparungen, kamen hinzu. Das Personal wurde drastisch reduziert. Von 1445 Arbeitsplätzen sollten 669 (also 46 Prozent) eingespart werden. (Vgl. Raiffeiseninstitute 1926: 272). Nichts wird darüber berichtet, wie es dem dafür verantwortlichen Generaldirektor Hermann Dietrich ergangen ist.

Jetzt scheint es sinnvoll, um auch die 25 Mio. Reichsmark Staatshilfe einigermaßen einordnen zu können, die Relationen zwischen den Volumina der Staatshaushalte in der zweiten Hälfte der zwanziger Jahre und heute zu betrachten. Der Reichshaushalt für das Etatjahr 1929/30 hatte ein Volumen von 7,8 Mrd. Reichsmark (vgl. St.Jb. 1931: 462), in der Bundesrepublik lag er 2017 (geplant) bei 329,1 Mrd. Euro (vgl. BMF 2017). Also entsprechen den damaligen 25 Mio. heute mehr als 1 Mrd. Euro.

Die Sanierung der Bank gelang aber nicht. Drei Jahre später wurde ihre Liquidation beschlossen. Dazu wurde ein Liquidationsvertrag mit der Preußenkasse abgeschlossen. Künftig sollten die Filialen der Bank zu „Verbandskassen" (also auf regionaler Ebene) verselbständigt werden und auf sie die Geschäfte der Raiffeisenbank übertragen werden. Die Preußenkasse sollte mit den neuen Verbandskassen unmittelbar in Beziehungen treten. Zur Deckung der Verluste der Bank wurden Aktienkapital und Reserven verwandt. Den dann noch verbleibenden Verlust sollte die Preußenkasse tragen. (Vgl. Raiffeisenbank 1929). Die Liquidation wurde aufgrund der zunehmenden allgemeinen Wirtschaftskrise teurer als erwartet. Am Ende des Geschäftsjahres 1931 hatte die Preußenkasse insgesamt knapp 56 Millionen RM aufwenden müssen. (Vgl. Raiffeisenbank 1931).

c) Die Verleugnung der Realität

Verblüffend ist, wie sehr die Raiffeisen-Organisation in ihrem Jahresbericht für 1926 ihre Existenzkrise verharmlost. Der Bericht enthält lediglich zwei kurze Passagen dazu, die nichts, aber auch gar nichts darstellen, erläutern, erklären oder gar Zahlen liefern. Der erste Passus lautet: „Die bedeutsamste Leistung der Raiffeisen-Genossenschaften im vergangenen Jahr aber war die Sanierungsaktion der Deutschen Raiffeisenbank, ihrer zentralen Geldausgleichsstelle, diese Tat wird für alle Zeiten in der Geschichte der Raiffeisen-Organisation ein besonderes Merkmal des Jahres 1926 bleiben, des Jahres, in welchem die von Vater Raiffeisen im Jahre 1876 gegründete Bank auf eine fünfzigjährige Wirksamkeit zurückblicken konnte. Noch vor der Jubiläumsfeier ihrer Organisation hatten die Raiffeisen-Genossenschaften einmütig die Hand angelegt, um den Schaden, den ihr zentrales Bankinstitut in der Inflation und Stabilisierungskrise erlitten hatte, wieder auszubessern. Die Macht der genossenschaftlichen Idee hat sich wieder einmal siegreich bewährt." (Generalverband 1927: 11). Der zweite Passus ist noch dünner. Es werden die Hamburger Tagungen von 1926 unmittelbar nach Aufdeckung des Desasters der Raiffeisenbank erwähnt und dann folgendermaßen charakterisiert: „Es war eine der bedeutsamsten Tagungen der Raiffeisen-Organisation, galt es doch, das durch geschäftliche Fehlschläge schwer erschütterte zentrale Bankinstitut zu retten und damit Raiffeisens Werk, Raiffeisens Vermächtnis zu erhalten und zu wahren." (Generalverband 1927: 18). Damit werden die Genossenschaften, ihre Mitglieder, aber auch die interessierte Öffentlichkeit tatsächlich für dumm verkauft. Da es aber keinerlei kritische Diskussionen auf diesen Versammlungen des Jahres 1926 gab, scheint der inhaltsleere Stil dieser Verlautbarungen seine beabsichtigte Wirkung erbracht zu haben: Jede kritische oder auch nur fragewillige Regung im Schweigen zu ersticken.

Immerhin, in der Festschrift zum fünfzigjährigen Bestehen der Raiffeisen-Organisation, die im gleichen Jahr wie der Bericht für 1926 herauskam, nämlich 1927, wird zugestanden, dass man sich auf „höchst unsichere Spekulationsgeschäfte" eingelassen hatte, denn „der gesunde Sinn für Geldgeschäfte war Vielen [in der Inflationszeit] verloren gegangen". (Fünfzig Jahre 1927: 52).

Noch verblüffender als der Jahresbericht für 1926 waren die aktuellen Verlautbarungen im Publikationsorgan des Generalverbandes, dem „Landwirtschaftlichen Genossenschaftsblatt" zu dem Geschehen in der Raiffeisenbank. Da wurden die Ursachen weich gespült, die künftige Entwicklung schon im Voraus verklärt, mit schwülstigen Phrasen alle möglichen Zweifel zugekleistert. So heißt es wahrheitswidrig, die Verluste der Bank seien „vornehmlich aus Geschäften entstanden, die weit zurückliegen" („An unsere Genossenschaften" 1926: 33); der neue Generaldirektor dagegen hatte berichtet, sie seien vornehmlich im Vorjahr, also 1925, entstanden. Nachforschungen, woran wohl die Bank gekrankt habe, sollten offensichtlich tunlichst unterbleiben, denn „mit Geschehenem zu rechten, mit Vergangenem zu hadern, hat wenig Sinn, ziemt Männern nicht und liegt, meinen wir, auch nicht in der Sinnesart gerade von Raiffeisen-Männern, die diesen Namen mit Fug und Recht für sich in Anspruch nehmen." Von den führenden Leuten Rechenschaft zu verlangen, ist also unmännlich, denn Raiffeisentreue verlangt nach „Opfersinn und Opferbereitschaft". (Vgl. „Raiffeisen-Männer" 1926: 200). Niemand hatte nach der Rolle, nach der Verantwortung des Vorgängers v. Brauns, Hermann Dietrich, gefragt. Sein Name taucht in all den hier angeführten Dokumenten nicht ein einziges Mal auf.

Ist einerseits Ursachenforschung einfach nur unmännlich, so ist andererseits die Zukunft dank der neuen Führung gesichert. Denn „ohne Überhebung kann man feststellen, daß unsere langbewährte Raiffeisenbank sich inzwischen völlig der veränderten Wirtschaftslage angepaßt hat und daß sie auch bei Anlegung strengsten, den heutigen Verhältnissen angepassten Maßstabes als ein jeder Beziehung modernes und auf der Höhe der Zeit stehendes Unternehmen anzusprechen ist." („Raiffeisen-Männer" 1926: 201). Nur drei Jahre später musste dieses Unternehmen liquidiert werden. Der eben zitierte Beitrag in der Verbandszeitschrift schließt dann mit folgenden unverständlichen Phrasen (sämtlich gesperrt gedruckt; die Punkte zwischendurch kennzeichnen keine Auslassungen, sondern sind so schon im Original zu finden): „Raiffeisentum ist Zusammenschluss, ist Höchstleistung durch Zusammenfassung und Gemeinsinn; Raiffeisentum ist Kraftbündelung und Kraftentfaltung; Raiffeisentum, richtig verstanden und richtig angewandt, ist .... Macht! Und ist .... Wille und ..... Glauben an die Zukunft der eigenen Sache! Frisch auf denn, Kameraden, auf zu neuer Arbeit! Auf zu neuer kraft- und machtbildender Arbeit im Zeichen unseres alten und doch immer neuen Wahrspruches: ‚Einer für alle, alle für einen!'" („Raiffeisen-Männer" 1926: 202). Ob jemals ein anderes so gravierendes Versagen eines Unternehmens so emphatisch, so dumm und zugleich so rotzig zugekleistert worden ist? Die nationalistische Rechte hat in den zwanziger Jahren merkwürdige Sprach-Codes benutzt. Nur als zynisch zu bezeichnen ist die völlige Verdrehung der Parole „Einer für alle, alle für einen", denn was in dieser Situation galt, war: Alle für den einen an der Spitze, den Generaldirektor Hermann Dierich.

Aber nicht genug mit alledem. Für die Absicherung des Überbrückungskredites der Preußenkasse sollten ja die Raiffeisen-Genossenschaften Bürgschaften in einer Höhe von insgesamt 40 Millionen Reichsmark erbringen. Innerhalb von schnellen sechs Wochen war das geschehen. Auf dem Generalverbandstag Ende Juni 1926 in Hamburg konnte darüber berichtet werden. Diese ganz gewiss beachtliche Tatsache wurde als die „Hamburger Genossenschaftstat" vom Generalverband und seiner Publizistik hellauf bejubelt. Damit sei ein Werk geschehen, „das in der Genossenschaftsgeschichte Deutschlands wie der Welt nicht seinesgleichen hat." Es handele sich um eine „genossenschaftliche Großtat, die als die größte Tat genossenschaftlichen Handelns sich uns darstellt, seitdem auf dieser Erde Genossenschaften für die Hebung der ihnen angeschlossenen Kreise zu wirken begonnen haben." („Haupttagungen" 1926: 251 u. S. 252). Der Verdacht dürfte kaum von der Hand zu weisen sein, dass sich hier schon der moralisch und sprachlich verluderte Größenwahn des an die Macht gekommenen Nationalsozialismus ankündigt.

Denn es geht noch weiter: Im gleichen Artikel der Verbandszeitschrift wird die Gewährung dieser Bürgschaften mit den Schlachten des vergangenen Weltkrieges verglichen: „[...] Die gewaltige unübertroffene Leistung! Denn auch hier gingen einzelne voran, rissen die anderen mit, die dann folgten und sich – widerstrebend oder willig – sodann eingliederten in den großen Plan der Schlacht und damit auch ihrerseits dazu beitrugen, den Sieg, den unsterblichen Sieg an die Fahnen unseres Heeres zu heften." („Haupttagungen" 1926: 252). Immerhin: Bei dem „unsterblichen Sieg" handelte es sich um den verlorenen Ersten Weltkrieg, der Deutschland zwei Millionen Tote gekostet hatte. Mit anderen Worten, von den verheerenden nationalistischen Mentalitäten der politischen Rechten, die zu jener Zeit vor allem in der Deutschnationalen Volkspartei organisiert war, und dem damit verbundenen Realitätsverlust war auch die Raiffeisen-Organisation voll erfasst. Der genossenschaftliche Geist, wenn es ihn je in der Raiffeisenorganisation gegeben haben sollte, war jetzt endgültig tot. Treue zur Führung und Opfersinn wurden verlangt – und offensichtlich willig dargebracht.

d) Ein Putschist an der Spitze

Dass der Raiffeisenorganisation demokratische und republikanische Tugenden nicht viel wert waren, zeigte sich auch in der Person ihres 1926 neu bestellten Generaldirektors. Magnus Freiherr von Braun entstammte einer ostpreußischen Großgrundbesitzerfamilie, legte den entsprechenden Bildungs- und Ausbildungsweg in Schule, Militär und Studium zurück und schlug schon im kaiserlichen Deutschland die sehr hohe Beamtenlaufbahn ein, die er zu Beginn der Weimarer Republik fortsetzte, bis er 1919 Regierungspräsident des ostpreußischen Regierungsbezirkes Gumbinnen wurde. Politisch stand er als Mitglied der DNVP weit rechts und war in den beiden letzten der so genannten Präsidialkabinette unter den Reichskanzlern von Hindenburgs Vertrauen, Franz von Papen und General Kurt von Schleicher vom Juni 1932 bis Januar 1933 Reichslandwirtschaftsminister. Noch in seinen 1955 erschienenen Memoiren setzt er Demokratie mit dem „Volkstribun, den Zufall, Brutalität und Verführungskunst aus dem Schlamm an die Oberfläche gespült haben" gleich. In diesem Zusammenhang formuliert er auch den Satz „Demagogie und Demokratie sind Brüder im Wortstamm und im Geist". (v. Braun 1955: 83). Also Hitler ist für ihn ein Ergebnis von Demokratie und er verschweigt, wie sehr sein Reichskanzler Franz von Papen, der nicht umsonst als Steigbügelhalter Hitlers bezeichnet wird, und er selbst, Magnus Freiherr von Braun, Hitler den Weg geebnet haben.

Als Regierungspräsident war er im März 1920 in den Kapp-Putsch involviert. Zu dessen Vorgeschichte stellt Winkler fest: „Seit der Versailler Vertrag am 10. Januar 1920 in Kraft getreten war, steuerten Teile der Reichswehr auf einen Konflikt mit der Regierung zu." (Winkler 1994: 19). Es handelte sich um die Regierung der „Weimarer Koalition" aus SPD, DDP und Zentrum mit dem Sozialdemokraten Gustav Bauer als Reichskanzler. Bei der Reichswehr war der führende Kopf der putschwilligen Frondeure der Kommandierende General des Reichswehr-Gruppenkommandos I in Berlin, Freiherr von Lüttwitz. „Den zivilen Teil der aktiven Verschwörergruppe bildeten Politiker der äußersten Rechten, die meist aus dem konservativen evangelischen Bürgertum der altpreußischen Provinzen kamen." (Winkler 1994: 120). Deren Kopf war der ostpreußische Generallandschaftsdirektor Wolfgang Kapp. Sozusagen das führende Bindeglied zwischen beiden Gruppen war Erich Ludendorff, der als Generalquartiermeister alles getan hatte, um den Ersten Weltkrieg zu verlängern, aber sich vor jeder Übernahme von Verantwortung für das dadurch heraufbeschworene Elend scheute. Gut drei Jahre nach dem Kapp-Putsch, im November 1923, sah er sich anlässlich des Putschversuchs Hitlers („Marsch auf die Feldherrnhalle") bereits als „Reichsdiktator (vgl. Mommsen 2004: 214f.).

Der Kapp-Putsch wurde im März 1920 unternommen. Am 13. März besetzten Reichswehreinheiten Berlin; unter ihnen befand sich auch die berüchtigte Marinebrigade Ehrhardt („Hakenkreuz am Stahlhelm/Schwarz-weiß-rotes Band" war der Refrain ihres Liedes). Kapp rief sich zum Reichskanzler aus. Die konkreten Ziele des Putsches blieben allerdings unklar. Die legale Regierung wich erst nach Dresden, dann nach Stuttgart aus. Am 15. März erschien der Aufruf zum Generalstreik, den der Allgemeine Deutsche Gewerkschaftsbund organisierte; auch die hohe Ministerialbürokratie verweigerte jegliche Zuarbeit für die Putschisten-Regierung. So war der Putsch schon am 17. März gescheitert. Sowohl Kapp als auch Lüttwitz erklärten ihren Rücktritt. Die Brigade Ehrhardt eröffnete noch bei ihrem Auszug aus Berlin am Brandenburger Tor das Feuer auf eine protestierende Menschenmenge. Zwölf Menschen starben. (Vgl. Winkler 1994: 121ff.).

In ihrer Sitzung am 22. März 1920 beschloss die preußische Regierung, wie sich aus dem Sitzungsprotokoll ergibt, hinsichtlich der in Ostpreußen am Putsch beteiligten hohen Beamten, den Oberpräsidenten Winnig, einen seiner Oberpräsidialräte und den Regierungspräsidenten Freiherr von Braun vom Amt zu suspendieren und Disziplinarverfahren gegen sie einzuleiten. (Vgl. Könnemann/Schulze 2002: 360). In seinen Erinnerungen erzählt Braun dazu sehr knapp, er habe ein Telegramm des Oberpräsidenten der Provinz Ostpreußen, Winnig, erhalten, wonach Kapp und Lüttwitz die Regierung übernommen hätten, die alte Regierung geflohen sei und er – Winnig – sich der neuen Regierung anschlösse. Braun solle es ebenfalls tun. Von allen übrigen Nachrichtenquellen sei er – Braun – abgeschnitten gewesen. „Ich entschied mich. Die Entscheidung war falsch. Aber ohne Kenntnis der Zusammenhänge war eine andere Entscheidung kaum möglich." (v. Braun 1955: 181f.). Er übersieht dabei allerdings, dass andere Regierungspräsidenten in der gleichen Lage anders entschieden hatten. Sie blieben im Lager der Republik. Hitler dagegen machte sich hoffnungsvoll per Flugzeug auf den Weg nach Berlin (vgl. Hitler 2016: 1338 Anm. 102).

Magnus von Braun wurde nach seiner Suspendierung Verbandsdirektor der Raiffeisen-Regionalorganisation für Brandenburg und Schleswig-Holstein (in manchen Unterlagen wird auch noch die Provinz Posen-Westpreußen genannt). Der Generaldirektor der Gesamt-Raiffeisenorganisation von 1920, Hermann Dietrich, ließ seinen Parteifreund nicht im Stich und bot ihm die Direktorenposition an, auch wenn dem die landwirtschaftlichen Genossenschaften bis dahin fremd geblieben waren. (Vgl. v. Braun 1955: 182ff.).

3. Die Einheitsorganisation der ländlichen Genossenschaften und Raiffeisens Ende

a) Der Einheitsverband

Das brachte v. Braun dann sechs Jahre später – wie geschildert – als Nachfolger Dietrichs an die Spitze der Gesamtorganisation. Unter seiner Ägide legte der Generalverband im Oktober 1926 eine Denkschrift „zur Frage des Zusammenschlusses von Reichsverband und Generalverband" vor. Die beiden Verbände sollten verschmolzen werden. (v. Braun 1930b: 15). Schon vorher hatte der Reichstag einen „Ausschuß zur Untersuchung der Erzeugungs- und Absatzbedingungen der deutschen Wirtschaft" eingesetzt. Der Ausschuss befasste sich auch mit der Landwirtschaft und in diesem Zusammenhang auch mit der ländlichen genossenschaftlichen Kreditwirtschaft. Zeitgleich (und sicher nicht zufällig) mit der Denkschrift des Generalverbandes thematisierte der Ausschuss „die Möglichkeit eines Zusammenschlusses der beiden großen nebeneinander arbeitenden landwirtschaftlichen Genossenschaftsverbände". Es geschah aber wenig oder nichts zielführendes, auch schon deshalb, weil eine Verschmelzung teuer zu werden versprach.

Nun gab es beim Reichslandwirtschaftsministerium ein Notprogramm zur Behebung der Agrarkrise. Daraus wurden 1928 auf Veranlassung des damaligen Reichslandwirtschaftsministers Schiele, auch er DNVP-Mitglied, 25 Millionen RM „zur Rationalisierung des landwirtschaftlichen Genossenschaftswesens" zur Verfügung gestellt, die in den Haushalt der Preußenkasse eingestellt wurden. Die Deutsche Rentenbank-Kreditanstalt stellte noch einmal 25 Millionen RM zur Verfügung. (Vgl. Zinke 1999: 192 u. Faust 1977: 417f.). Dieses öffentlich-rechtliche Institut existierte seit 1925 – wobei es ein Vorläufer-Institut gab – und sollte der Entschuldung und Umschuldung der Landwirtschaft dienen (vgl. Schneider 2014: 95ff.). Die Kosten dieser „Rationalisierung" wurden insgesamt auf 75 bis 80 Millionen Reichsmark geschätzt. Dem entsprechen beim heutigen Haushaltsvolumen des Bundes (s. o.) 3,2 bis 3,4 Mrd. Euro. Den Betrag oberhalb der Finanzierungshilfen von Reich und Rentenbank-Kreditanstalt hatte die Preußenkasse zu übernehmen (vgl. Zinke1999: 209). Die Verhandlungen über den Zusammenschluss der Verbände zogen sich dann noch bis in den Winter 1929/30 hin. (Vgl. Richter 1966: 156f.).

Dann einigte man sich. Mit Ablauf des 12. Februar 1930 traten die Regionalverbände aus dem Generalverband aus (das Gleiche dürfte beim Reichsverband der Fall gewesen sein). Übrig blieben acht Mitglieder im Generalverband, die am gleichen Tag die Liquidation beschlossen. Die Regionalverbände von Generalverband und Reichsverband gründeten, auch das noch am gleichen Tag, den neuen Verband unter dem Namen „Reichsverband der deutschen landwirtschaftlichen Genossenschaften – Raiffeisen – e. V.", der am 1. April 1930 seine

Tätigkeit aufnahm. (Vgl. v. Braun 1930b: 14). Mit dabei waren

der Genossenschaftsverband des Reichslandbundes mit 906 Mitgliedern,

der Verband deutscher Bauernvereinsorganisationen mit 38 Mitgliedern,

der Genossenschaftsverband der Deutschen Bauernschaft mit 92 Mitgliedern,

der Landwirtschaftliche Revisionsverband des bayerischen Bauernvereins mit 1.152 Mitgliedern,

der Verband der oberschlesischen Genossenschaften mit 623 Mitgliedern,

der Mittelrhein-Nassauische Genossenschaftsverband mit 117 Mitgliedern.

Sie brachten zusammen knapp 3.000 Genossenschaften mit ein. (Vgl. Faust 1977: 420 u. Schürmann 1938: 58). Möglicherweise traten noch weitere, ebenfalls sehr kleine Organisationen dem neuen Verband bei. Er hatte insgesamt an die 40.000 Mitglieder mit rund 4 Millionen Einzelmitglieder:

Mitgliederzahlen der Verbände vor Gründung des Einheitsverbandes[13]

Verband	Kreditgenoss.	Übrige Genoss.	Insgesamt	Anteil
Reichsverband	13.960	14.616	28.576	72,2%
Generalverband	5.627	2.445	8.073	20,4%
Übrige Verbände	2.928		2.928	7,4%
Insgesamt			39.577	

(Vgl. St.Jb. 1930: 390 u. Schürmann 1938: 58).

Also ein Fünftel der Mitglieder des Einheitsverbandes kam von der Raiffeisenorganisation. Andreas Hermes, bisher Präsident der „Vereinigung der deutschen christlichen Bauernvereine" (einschließlich der ihnen angeschlossenen Genossenschaften), und der bisherige Vizepräsident des Reichsverbandes, Ludwig Hogenegg, wurden gleichberechtigte Präsidenten. Stellvertretende Präsidenten wurden Magnus von Braun und Otto Rabe, vorher stellvertretender Vorsitzender des Gesamtausschusses des Reichsverbandes. (Vgl. Faust 1977: 420ff.).

Hinsichtlich der regionalen Unterverbände wurde das bisherige Prinzip des Reichsverbandes angewandt, also dezentrale Strukturen geschaffen. Der Gene-

---

[13] Die verschiedenen Quellen machen unterschiedliche Zahlenangaben, die wahrscheinlich auf die jeweilige Erhebungsmethode zurückzuführen sind. Die Differenzen sind gering.

ralverband war, den Raiffeisen-Prinzipien folgend, zentralisiert angelegt gewesen. Im Jahrbuch des vereinigten Reichsverbandes für 1930, dem ersten Jahr seines Bestehens, wird gesagt: „Der Kristallisationspunkt der Genossenschaftsarbeit in den Ländern und Provinzen sind die Revisionsverbände, die Landes- und Provinzialverbände, die im Reichsverband ihre Spitze haben." (Reichsverband 1930: 47). Aber auch deren Macht (die der regionalen Verbände) nach unten sollte beschränkt sein. Denn dazu wurde festgestellt, manche „Leute" wollen den Revisionsverbänden „viel größere Machtbefugnisse" gegenüber den revidierten Genossenschaften geben. Dadurch würde aber gar nichts oder nur wenig erreicht. (Reichsverband 1930: 134). Die „Leute" kamen ganz offensichtlich aus der Raiffeisen-Organisation. So waren, in der Formulierung von Faust, „viele noch bestehende zentrale Einrichtungen der Raiffeisenorganisation [...] zur Auflösung verurteilt. Bis Ende 1932 war die Zahl der [regionalen] Verbände, Geld- und Warenzentralen von 143 auf 81 zurückgeführt worden." (Faust 1977: 419).

Die intensive Beschwörung des Christlichen wie sie zuvor bei der Raiffeisenorganisation formuliert worden war, wurde verlassen. Stattdessen wurde nun dem Verband in der Satzung als Aufgabe gesetzt, „die Förderung der Volkswohlfahrt in wirtschaftlicher und geistiger Beziehung durch Vertiefung und Belebung des Gemeinsinns auf christlicher Grundlage." Diese Aussage ist auf Hermes zurückzuführen, der ja zugleich Präsident der christlichen (also katholischen) Bauernvereine war. (Vgl. Faust 1977: 421). Das Jahrbuch des neuen Reichsverbandes schweigt dazu.

b) Raiffeisens Ende

Das war also 1930 und in den Jahren davor geschehen: Die Raiffeisen-Organisation war ideell und wirtschaftlich in heftigste Turbulenzen geraten. Mit staatlicher Hilfe – dank derer sie schon 50 Jahre vorher ihre Anfangsjahre überstanden hatte – schrammte sie an der Katastrophe vorbei, der Steuerzahler trug die Verluste. Mit genossenschaftlichen Prinzipien hatte das nichts zu tun.

Bis dahin hatte sie schon einige ihrer ursprünglichen Prinzipien und Aufträge über Bord geworfen. So hatte sie entgegen den eindringlichen Warnungen ihres Gründers nicht nur nicht sorgfältig, sondern extrem risikoreich und fahrlässig gewirtschaftet. Vor allem dadurch, dass ein hoher Staatsbeamter, der den hochverräterischen Kapp-Putsch unterstützt hatte, in der Raiffeisen-Organisation nicht nur Unterschlupf fand, sondern sogar die Spitze erklimmen konnte, wurde deutlich, dass der ebenfalls von ihrem Gründer herrührende Satzungsauftrag der „Staatstreue" sich lediglich auf einen bestimmten Typus von Staat bezog, nämlich den preußisch (in der schlechten Bedeutung des Wortes) dominierten Obrigkeitsstaat wilhelminischer Prägung.

Die Raiffeisen-Organisation hatte das anfängliche Kernziel ihres Auftrages aus den Augen verloren, den ärmeren ländlichen Klassen die Gelegenheit zu eröffnen, über Kredite mit fairen Bedingungen ihre kleine Wirtschaft ökonomisch zu stabilisieren. Jetzt, in den zwanziger Jahren des 20. Jahrhunderts, waren Groß- und Mittelbetriebe in ihr erheblich stärker vertreten, als die Kleinbetriebe. Nicht ohne Grund gehörten ihre beiden Generaldirektoren zwischen 1910 und 1930 zu den ostelbischen Großgrundbesitzern.

Die Raiffeisen-Organisation hatte in diesen zwanziger Jahren an Attraktivität verloren. Von den genossenschaftlichen Neugründungen in der Landwirtschaft suchten nicht nur absolut, sondern auch verhältnismäßig mehr ihre organisatorische Heimat in anderen Verbänden (oder blieben verbandslos).

In der Krise, in die sie in kürzester Zeit durch das Missmanagement ihrer Führung Mitte der zwanziger Jahre geraten war, zeigte sie sich unfähig, die Ursachen wirklich aufzudecken, ihre Mitglieder aufzuklären, die Verantwortlichen zur Rechenschaft zu ziehen. Verantwortung schien ein Fremdwort zu sein. Stattdessen versuchte sie sich in sprachlichem Schwachsinn und in einer in dieser Situation besonders unpassenden Männlichkeitsideologie: „Raiffeisenmänner sind treu".

Die Raiffeisen-Organisation flüchtete nun unter ein größeres Dach, unter dem sie nur ein Fünftel des Raumes einnahm und wobei sie – wie könnte es anders sein – noch auf einige weitere, bis dahin noch erhalten gebliebene Prinzipien verzichten musste. Dazu gehörten die Zentralisierung und die Fokussierung auf den christlichen Auftrag.

Was – jedenfalls verbal – erhalten blieb, waren solche Prinzipien, die auch von der weitaus größeren Organisation, dem Reichsverband von Wilhelm Haas von Anbeginn an vertreten worden waren. Dazu gehörten vor allem Überschaubarkeit der Vereinsbezirke und Solidarhaft. Der bisherige Reichsverband gab keines seiner Prinzipien auf.

Das alles zusammengenommen führt zwangsläufig zu der Erkenntnis: Das Jahr 1930 mit dem Zusammenschluss fast aller Verbände der landwirtschaftlichen Genossenschaften bedeutete das Ende der Raiffeisenbewegung. Aber nun wurde ja der Name „Raiffeisen" an den Namen des neuen Verbandes – der sonst mit dem Namen des bis dahin großen Verbandes identisch war – angehängt: „Reichsverband der deutschen landwirtschaftlichen Genossenschaften – Raiffeisen – e.V." Das dem so war, schreibt sich Magnus von Braun als sein Verdienst zu. In seinen Memoiren betont er voller Genugtuung, er habe dafür gesorgt (vgl. v. Braun 1955: 190ff.). Tatsächlich war jetzt im landwirtschaftlichen Genossenschaftswesen von Raiffeisen kaum noch die Rede. Und wenn: Raiffeisen war wirklich nur noch ein Name. Sein Konzept war tot, seine Idee hinfällig. Sie sind bis heute in Deutschland nicht wieder reanimiert worden.

Denn keine Genossenschaftsorganisation behauptet, es sei die Mission des deutschen Volkes, christliche Grundsätze zur Tat und zur Wahrheit zu machen. Ebenso wenig maßen sich die landwirtschaftlichen Genossenschaften an, ihre Mitglieder zu erziehen und ihr Sozialverhalten zu kontrollieren. Alle Genossenschaftsverbände haben sich in die demokratische Gesellschaft integriert. Sie haben sich von gesellschaftlich relevanten Ideologien weit entfernt. Kein Verband verlangt von seinen Mitgliedsgenossenschaften die solidarische Haftung ihrer Einzelmitglieder mit dem gesamten Vermögen in die Satzung aufzunehmen.

Ebenso wenig gilt noch die Überschaubarkeit des Genossenschaftsgebietes oder das Verbot, in anderen Genossenschaftsbanken die Mitgliedschaft zu erwerben. Die 29 räumlich kleinsten Genossenschaftsbanken (solche mit nur höchstens zwei Filialen) haben durchschnittlich über 3.600 Mitglieder[14]. Das wäre für Raiffeisens Organisations- und Kontrollmechanismen nicht mehr handhabbar gewesen.

Tatsächlich beginnt die Geschichte der heutigen landwirtschaftlichen Genossenschaften schon sehr früh bei den halbstaatlichen Vereinen, Gesellschaften, Akademien, die sich um die Modernisierung der Landwirtschaft in allen Bereichen bemühten (vgl. Meyers Lexikon 1908: 154f.; Wehler 1987: 47f.; Wehler 1995: 54ff. u. 698f.) und sie setzt sich in einer direkten Linie bis 1933 fort in den Verbänden und ihren Genossenschaften, die Wilhelm Haas initiiert hat (und die 1930 auch die Raiffeisen-Genossenschaften aufgenommen hatten). Dazu gehörte auch der so viel gerühmte und bei Raiffeisen fehlende demokratische Geist der Genossenschaften. Um Helmut Faust zu wiederholen: „Die Geschichte wäre sehr ungerecht, wenn sein Stern [der von Wilhelm Haas], der zu seiner Zeit so hell gestrahlt, verdunkelt würde von dem Stern Raiffeisens."

---

[14] Berechnet nach den Angaben, die in den entsprechenden Links auf der Website https://de.wikipedia.org/wiki/Liste_der_Genossenschaftsbanken_in_Deutschland enthalten sind. Abgerufen am 02. 01. 2018.

4. Das Ende der Genossenschaften 1933/34

Nicht lange – und mit den Genossenschaften insgesamt ging es zu Ende. Denn bis zur nationalsozialistischen Machtergreifung dauerte es nur noch drei Jahre. Aber schon vorher gewann der Nationalsozialismus in der Krise sehr rasch an Boden in der ländlichen Gesellschaft (vgl. Mommsen 2004: 364f.). Sie war geprägt von einem „brisanten Stimmungspotential", das, so wieder Wehler, „für einen geradezu reißenden Zustrom zur NSDAP" sorgte (vgl. Wehler 2003: 338ff.). Die Reichstagswahlen vom September 1930 zeigten das deutlich genug. Die NSDAP erhielt im gesamten Reichsgebiet 18,3 Prozent gegenüber 2,6 Prozent zwei Jahre vorher; in den fünf ländlichen Reichstagswahlkreisen Ostpreußen, Schleswig-Holstein, Pommern, Hannover und Hessen stieg die NSDAP von 2,0 Prozent mit 22,6 Prozent auf das Elffache (und abermals zwei Jahre später, 1932, auf 47 Prozent). (Vgl. St.Jb. 1928: 580f. u. St. Jb. 1932: 432f.).

Alles in allem standen also die Bedingungen für die Nationalsozialisten hinsichtlich der Landwirtschaft schon um das Jahr 1930 sehr gut. Sie bereiteten sich aber auch exzellent auf die Machtübernahme vor. Die Vorbereitung lag in den Händen Walter Darrés. Seine Bücher, „Das Bauerntum als Lebensquell der nordischen Rasse" und „Neuadel aus Blut und Boden" erregten Hitlers Aufmerksamkeit. (Bracher 1962: 187). Darré erhielt 1930 von ihm den Auftrag „Organisieren Sie mir die Bauern, ich lasse Ihnen freie Hand." (Frank 1988: 76). Er machte sich sofort an die Arbeit und schuf sich einen eigenen effizienten Apparat, der unter anderem dazu dienen sollte, die landwirtschaftlichen Organisationen und Verbände durch aktive Mitarbeit unter die Kontrolle der Partei zu bringen. (Vgl. Münkel 1996: 70f. u. Mommsen 2004: 414). „Man hatte also in der Zeit von 1930 bis 1933 kreuz und quer durch die landwirtschaftlichen Organisationen eine politische Infrastruktur gespannt." (Bludau 1968: 69).

Es war eine schleichende Gleichschaltung schon vor der nationalsozialistischen Machtübernahme. Gleichschaltung meint, so sagt Kurt Bauer in seiner 2008 erschienenen Darstellung der nationalsozialistischen Herrschaft in Deutschland, „alle von den Nationalsozialisten gesetzten Maßnahmen zur totalen Durchdringung und Beherrschung sämtlicher Bereiche des politischen, wirtschaftlichen und sozialen Lebens." Den Ausdruck habe Hitler zum ersten Mal in Reden im März 1933, also nach der Machtergreifung, gebraucht. (Bauer 2008: 205). Aber das Milieu der landwirtschaftlichen Organisationen war allzu anfällig. Hier konnte der Nationalsozialismus schon Jahre früher beginnen, seine Pflöcke einzuschlagen.

Sehr bald nach der Machtergreifung wurden dann aber direktere Methoden angewandt. Das galt auch für den Reichsverband. Hermes, seit dem Tode Hogeneggs im Februar 1933 alleiniger Präsident, wurde am 20. März 1933 von der Gestapo verhaftet (vgl. Frank 1988: 110f.). Nach seiner Freilassung (ein Prozess hat nie stattgefunden) ging Hermes ins Ausland, kehrte wieder zurück, beteiligte sich am Widerstand und wurde noch 1945 zum Tode verurteilt, aber gerade noch rechtzeitig dank des Kriegsendes befreit und war dann Präsident sowohl des Deutschen Bauernverbandes als auch des Deutschen Raiffeisenverbandes. Auch Knebel-Döberitz, der Stellvertreter Hermes' im Reichsverband, und Kalckreuth, der Präsident des Reichslandbundes, wurden erst einmal verhaftet und dann wieder freigelassen. Knebel-Döberitz, ging später als Monarchist in den konservativen Widerstand.

Die rigorose Machtdemonstration wirkte. Zum 4. April 1933 veranlasste der agrarpolitische Apparat Darrés eine Zusammenkunft der nationalsozialistischen Bauernverbände mit den christlichen und anderen Bauernvereinen und vor allem dem Reichslandbund. Auf ihr wurde die Bildung einer „Reichsführergemeinschaft" als „Standesvertretung des gesamten deutschen Bauerntums" beschlossen. Darré wurde einstimmig gebeten, den Vorsitz zu übernehmen. (Vgl. Bracher 1962: 187f.). Einen Tag später kam es zu einer Entschließung des Deutschen Landwirtschaftsrates, dem Vertretungsorgan der regionalen Landwirtschaftskammern. Der Regierung der „nationalen Einheit", also der Hitler-Regierung, wurde als „rückhaltlose und geschlossene Gefolgschaft und Unterstützung" gelobt. (Vgl. Bracher 1962: 187f.). Einige Tage später erhielt auch der Reichsverband ein neues Präsidium. Es bestand nunmehr aus dem Vorsitzenden und drei weiteren Mitgliedern, die alle den Titel Präsident trugen: Walter Darré als sozusagen wirklicher Präsident; Arnold W. Trumpf, der nach praktischer Ausbildung in der Landwirtschaft und Studium vorher schon im Reichsverband tätig war; Georg Berg, Bauernsohn, Revisor in der früheren Haas-Organisation; Walter Granzow, selbständiger Landwirt, seit 1932 mecklenburgischer NSDAP-Ministerpräsident – alles erprobte Nationalsozialisten. (Vgl. Reichsverband 1933a: 152, Reichsverband 1933b: 175, Reichsverband 1933c: 175ff.).

Die gesamten landwirtschaftlichen Organisationen waren damit nur drei Monate nach der Machtergreifung unter nationalsozialistischer Führung. So ging es in den zwanziger Jahren des 20. Jahrhunderts mit Raiffeisens Hinterlassenschaft, seinen Prinzipien, Erwartungen, Organisationsmodellen zu Ende und wenige Jahre später auf radikale Weise auch mit den Genossenschaften, die unter Berufung auf Wilhelm Haas und Hermann Schulze-Delitzsch in den Genossenschaften ein gesellschaftliches Element von Freiheit und Demokratie gesehen hatten.

5. Ein Nachspiel 1943/49

Man sollte meinen, der Antisemitismus Raiffeisens sei von den Nationalsozialisten dankbar ausgenutzt worden. Seltsamerweise war das nicht der Fall. Der Autor einer Untersuchung über die „Kreditgenossenschaften im Dritten Reich", Hermann-Josef ten Haaf, stellt fest: „Es konnte im Schrifttum des ‚Dritten Reiches' nirgendwo auch nur ein Versuch der Nationalsozialisten aufgefunden werden, in der Raiffeisen [...] als Antisemit präsentiert worden wäre." (ten Haaf 2011). Dieser Aussage ist zuzustimmen. In all den Artikeln, Aufsätzen, Broschüren, die vom „Reichsnährstand", in dem die landwirtschaftlichen Genossenschaften aufgegangen waren, nach 1933 veröffentlicht wurden, ist zwar sowieso kaum einmal von Raiffeisen die Rede, aber wenn, dann wird er jedenfalls nicht als Antisemit dargestellt.

Es gibt eine bemerkenswerte Ausnahme: Willy Krebs. Nach 1933 war er Leiter des Archivs beim Reichsbauernführer, dem der gesamte Reichsnährstand und damit sämtliche landwirtschaftlichen Genossenschaften unterstanden. Krebs hatte vor 1933 viel über Raiffeisen und seine Organisation veröffentlicht. Später schrieb er ein weiteres Büchlein über Raiffeisen. Es erschien 1943, mitten im Krieg. Daraus müssen längere Passagen zitiert werden.

So schrieb Krebs folgende Sätze: „In der abseits vom rauschenden Fremdenverkehr liegenden freundlichen und betriebsamen Kreisstadt Neuwied am Rhein steht ein schlichtes Denkmal, das Standbild eines Mannes in Erz. Auf dem Sockel stehen die Worte ‚Vater Raiffeisen'. Auf den beiden Seiten sind bronzene Reliefs eingelassen, deren Darstellung in engster Beziehung zu der Lebensarbeit dessen steht, dem das Denkmal geweiht ist. In dumpfer Verzweiflung sitzt da ein Bauer auf seinem Pfluge, den Kopf in die Hand gestützt. Worüber mag er so verzweifelt sein? Schaut man genauer hin, so entdeckt man im Hintergrunde einen zweiten Mann, der aus dem im trostlosen Zustande befindlichen, verwahrlosten Bauerngehöft mit einer Kuh am Strick abzieht. Unverkennbar sind die Merkmale, Nase, Bart, langer Rock des Juden, der wie die Spinne ihr Opfer umgarnt hat und ihm nach und nach Blut und Mark aussaugt. Und vorne sitzt, verlassen von Gott und Menschen das Opfer – ein deutscher Bauer; die stämmigen Arme und Fäuste reden von schwerer Arbeit, zeigen, daß er kein Faulenzer und Verschwender war – aber alle Arbeit war vergebens, der Ertrag verfiel dem Wucherer. Nun ist es aus." (Krebs 1943: 6).

Und wenig später heißt es: „Und kein geringerer als Bismarck schildert den Zustand in einer Rede im Vereinigten Landtag im Jahre 1847: ‚Ich kenne eine Gegend, wo die jüdische Bevölkerung auf dem Lande zahlreich ist, wo es Bauern gibt, die nichts ihr Eigen nennen auf ihrem ganzen Grundstück; vom Bett bis zur Ofengabel gehört alles Mobiliar den Juden. Das Vieh im Stall gehört den Juden, und der Bauer bezahlt für jedes einzelne Stück Vieh seine tägliche Miete. Das

Korn auf dem Felde und in der Scheune gehört dem Juden, und der Jude verkauft dem Bauern das Brot-, Saat- und Futterkorn metzenweis. Von einem ähn-
lichen christlichen Wucher habe ich wenigstens in meiner Praxis noch nie
gehört.' Bismarcks Zeitgenosse, der große Geschichtsprofessor Heinrich von
Treitschke schrieb damals: ,In Tausenden deutscher Dörfer sitzt der Jude, der
seine Nachbarn wuchernd auskauft.'" (Krebs 1943: 8f.). Viele Bauern seien aus-
gewandert. Und wieder Originalton Krebs: „Die Daheimgebliebenen aber
schleppten sich im Elend fort, machtlos dem Wucherer gegenüber, machtlos
auch gegenüber der aufstrebenden industriellen Welt, nicht fähig, den von dem
schnellen Wachstum der Bevölkerung geforderten Übergang vom extensiven
zum intensiven Betrieb in gesunder wirtschaftlicher Entwicklung mitzumachen,
d. h. ohne die ,bereitwillige Hilfe der jüdischen Menschenfreunde' wie Raiffeisen
sich in seinen plastischen Darstellungen einzelner typischer Fälle jüdischen
Wuchers sarkastisch ausdrückt." (Krebs 1943: 9).

„Außerordentlich drastisch hat uns Raiffeisen später die Machenschaften des
jüdischen Wucherers, wie er sie als Landbürgermeister eines der ärmlichsten
Bezirke Deutschlands aus nächster Nähe beobachten konnte, geschildert. ,Wie
aber aus einem ausgesogenen, wenig ertragfähigen Boden hin und wieder
Schmarotzerpflanzen und giftige Pilze emporsprossen, so befinden sich auch in
jener Gegend (Westerwald) unter der armen ausgesogenen Bevölkerung
gleichsam menschliche Giftpflanzen, Wucherer, welche sich ein Geschäft daraus
machen, die Not ihrer Mitmenschen in der herzlosesten Weise zu ihrer Bereicherung zu benutzen.' [...] Mit grimmigem Sarkasmus zeichnet Raiffeisen die
wahre Gestalt des jüdischen Wucherers [...] Raiffeisen sah es als seine nächste
Aufgabe an, diesen jüdischen Wucher mit allen Mitteln zu bekämpfen." (Krebs
1943: 13f.). Und schließlich heißt es, durchaus konsequent nach den zuvor gemachten Ausführungen: „[...] in Wirklichkeit ist alle Genossenschaftsarbeit ja
nichts anderes als angewandter Nationalsozialismus. [...] In ihr ist der nationalsozialistische Grundgedanke: Wirtschaft ist Dienst am Volke! in die Tat umgesetzt." (Krebs 1943: 42).

In gewisser Weise hat es etwas surreal Faszinierendes, wie aus dem genossenschaftlichen Grundprinzip ,Selbsthilfe' das genaue Gegenteil werden kann:
,Dienst am Volk'. Krebs wurde ganz gewiss nicht zu solchen Aussagen gezwun-
gen. Selbst der nach der nationalsozialistischen Machtergreifung 1933 einge-
setzte Präsident des Reichsverbandes der landwirtschaftlichen Genossenschaften (in Wirklichkeit eine Art Unterpräsident), Arnold Trumpf, enthielt sich
in seinem Beitrag zu einer Gedenkschrift zu Raiffeisens 50. Todestag 1938 antisemitischer Ausfälle. Er beschränkte sich auf völkische Tiraden (vgl. Trumpf
1938: 5ff.).

Die schamlosen Entgleisungen bei Krebs könnte man nach 70 Jahren als intellektuellen Selbstmord für sich stehen lassen. Aber es gibt eine eigentlich un-
denkbare Fortsetzung. Der ,Deutsche Raiffeisenverband e. V.' brachte 1949, vier

Jahre nach dem Ende der nationalsozialistischen Herrschaft, eine Neuauflage des Krebs-Buches von 1943 heraus. Darin heißt es im Vorwort des Verbandes: „Aus Anlass des 130. Geburtstages und 60. Todestages Raiffeisens erscheint es geboten, dieses Büchlein neu herauszugeben." Es sei „überarbeitet und vervollständigt insofern, als die Entwicklung der letzten Zeit hinzugefügt ist." Krebs sei im Frühjahr 1947 tödlich verunglückt. „Wir wissen, daß wir in seinem Sinne handeln, wenn wir dieses Büchlein jetzt neu erscheinen lassen." (Krebs 1949: 3).

Das klingt äußerst überraschend. Der DRV soll tatsächlich das Buch mit den antisemitischen Ausfällen noch einmal herausgegeben haben und lediglich die „Entwicklung der letzten Zeit" hinzugefügt haben? In Wahrheit ist das schlicht gelogen. Der DRV hatte die unglaubliche Geschmacklosigkeit, im gesamten Text das Wort ‚Jude' durch das Wort ‚Wucherer' zu ersetzen und im Übrigen nichts zu ändern. Das liest sich zum Beispiel so: „Unverkennbar sind die Merkmale des Wucherers, der wie die Spinne ihr Opfer umgarnt hat und ihm nach und nach Blut und Mark aussaugt." (Krebs 1949: 7). Und zwei Seiten später korrigiert der DRV den Text so: „Mangels geeigneter Krediteinrichtungen geriet der Bauer in völlige Abhängigkeit von privaten Geldmaklern und Händlern, die die Notlage des Bauern, seine Ungewandtheit und Unerfahrenheit in geschäftlichen Dingen durch einen unerhörten Wucher ausnutzten." (Krebs 1949: 9).

Selbst vor Fälschungen ist der DRV nicht zurückgeschreckt. Das Bismarck-Zitat endet jetzt nämlich folgendermaßen: „[...] gehört alles Mobiliar den Geldverleihern" und nicht mehr „dem Juden" (Krebs 1949: 9). Das ist besonders peinlich, weil das Zitat aus einer sehr dezidiert antisemitisch gehaltenen und durchaus nicht unbekannten Rede Bismarcks stammt. Die Sache verhielt sich nämlich so: Dem Ersten Vereinigten Preußischen Landtag von 1847 lag der Entwurf einer Verordnung der Regierung vor, „die Verhältnisse der Juden betreffend". Das Ziel war, ihnen gleiche Pflichten und gleiche bürgerliche Rechte wie den „christlichen Untertanen" zuzubilligen. Der Abgeordnete Bismarck (dem im Protokoll das ‚c' im Namen fehlte) wandte sich in der Diskussion zum Verordnungsentwurf gegen die Absicht, Juden die Möglichkeit der Bekleidung „obrigkeitlicher" Ämter zu geben. Er sagte: „Ich bin kein Feind der Juden, und wenn sie meine Feinde sein sollten, so vergebe ich ihnen. Ich liebe sie sogar unter Umständen. Ich gönne ihnen auch alle Rechte, nur nicht das, in einem christlichen Staate ein obrigkeitliches Amt zu bekleiden [...]". Er sagt dann auch die Worte, wie Krebs noch zitiert hatte (lediglich in einer moderneren Orthographie gesetzt). (Vgl. Vereinigter Preuß. Landtag 1847: 224ff.). Das verfälschte Bismarck-Zitat (‚Geldverleiher' statt ‚Jude') wurde noch 1988 in der Gedenkstunde des DRV zum hundertsten Todestag Raiffeisens benutzt. Es war der Festredner Hans Maier, dem diese Peinlichkeit unterlief (vgl. Meier 1988: 30f.). Allerdings sprach er von Wucherern.

Das Krebs-Buch wurde dann 1955 ohne jede Veränderung gegenüber 1949 noch einmal vom DRV herausgegeben. Diese beiden Neuauflagen, also auch die Fälschungen, besorgte, da Krebs ja 1947 gestorben war, Bruno Huguenin, ebenfalls Mitarbeiter des DRV. Huguenin, ehemals Staatsanwaltschaftsrat in Königsberg, war in den zwanziger Jahren Verbandsdirektor beim Raiffeisenverband und seit 1930 im vereinigten Reichsverband gewesen.

Eine Pointe dazu, und zwar zum Raiffeisen-Denkmal in Neuwied, sei noch nachgetragen: Ich hatte mir zwar das Raiffeisen-Denkmal irgendwann einmal angesehen, aber jene Szene mit dem wucherischen (oder jüdischen?) Ausbeuter und der Kuh hatte ich offenbar nicht so richtig wahrgenommen, jedenfalls war sie mir nicht mehr in Erinnerung. Als ich im Frühsommer 2013 jene Ausführungen bei Krebs gelesen hatte, benutzte ich einen Aufenthalt in Wiesbaden, um einen Tag in Neuwied zuzubringen und das Denkmal genauer in Augenschein zu nehmen. Wir – meine Frau begleitete mich – waren überrascht: Eine Kuh war erkennbar, in sehr groben Umrissen auch ein menschlicher Kopf, perspektivisch hinter der Kuh. Eigentlich waren nur eine markante Nase, ein Auge und eine Haarsträhne zu identifizieren. Ein Strick, mit dem die dazu gehörige Gestalt die Kuh hinweg zieht, vermochten wir nicht auszumachen, ebenso wenig den Bart und einen „langen Rock". Ich vermutete daraufhin, dass irgendwann nach 1945 ein wenig am Denkmal retuschiert worden war. Ich fragte brieflich bei der Stadt an und erhielt vom Stadtarchiv die Antwort, dass in den Unterlagen keinerlei Hinweise auf eine Retusche zu finden seien. Wenn am Relief nichts retuschiert wurde, dann heißt das, dass Krebs seinen Antisemitismus sogar ohne einen solchen Anlass ausgetobt hat. Die Beschreibung des Denkmals in der Raiffeisen-Zeitschrift (die dem Brief des Stadtarchivs dankenswerter Weise beilag) anlässlich seiner Enthüllung 1902 enthält jedenfalls keinerlei antisemitische Bekenntnisse.

Anhang I

Raiffeisen und die Juden

1. „Die Judenfrage

im Genossenschaftsblatt zu behandeln, wurden wir schon mehrfach aufgefordert. Wir haben uns jedoch nicht dazu verstehen können, uns an der Agitation gegen die Juden, wie solche mehrfach hervortrat, zu betheiligen. Bei dem allgemeinen Interesse, welches die Angelegenheit in neuester Zeit in Anspruch nimmt, scheint es indessen an der Zeit, auch unsere Stellung in dieser Beziehung zu bekunden.

Es ist vielfach behauptet worden, daß das Zinsnehmen über den Werth des Geldes bezw. der Wucher Andersgläubigen gegenüber nach der religiösen Anschauung der Juden keine unmoralische Handlung sei. Dem Briefe eines Professors der orientalischen Sprachen (also eines Fachmannes); aus neuester Zeit entnehmen wir hierüber folgendes: „Die Juden sind auf dem Standpunkt aller alten Völker stehengeblieben, welche alle Nationen außer sich als Rechtlose und Feinde betrachteten; wozu bei den Juden noch ihr Glaube kommt, das auserwählte und privilegierte Volk zu sein. Ihr Verhalten gegen Fremde wird daher durch die alttestamentlichen Stellen bestimmt, in denen sie denselben (den Nichtjuden) entgegengestellt werden, solche, in denen es heißt, an deinen Mitjuden oder Bruder sollst du so thun. Leider ist das Wort, welches ‚Mitjuden' übersetzt werden sollte, und welches die Juden auch so verstehen, in den deutschen Uebersetzungen durch ‚Nächsten' wiedergegeben und man pflegt dann dies in neutestamentlichem und christlichem Sinne ‚des Mitmenschen' überhaupt zu verstehen. Dies ist aber weder im Sinne des alten Testamentes, noch nach der diesmal ganz richtigen Erklärung der Juden der Fall, wie man schon daraus sieht, daß in einigen Stellen, z. B. 5. Buch Moses 23,19, wo Luther ganz richtig übersetzt hat: ‚du sollst an deinem Bruder nicht wuchern, an dem Fremden magst du wuchern, [*Anmerkung. Nach der kath. Vulgata heißt die Stelle: non foeneraberis fratri tuo ad usuram pecuniam, nec fruges, nec quamlibet aliam rem: sed alieno. Fratri autem tuo absquo usura id, quod indiget, commodabis d. h. Wohl dem Fremdling, aber nicht deinem Bruder sollst du Geld oder Früchte oder irgend eine Sache gegen Zins leihen. Deinem Bruder sollst du, was er bedarf, ohne Zins zur Verfügung stellen.] der Fremde, der Nichtisraelit, dem Bruder, dem Israeliten entgegengestellt wird. Eine Menge solcher Stellen ist in dem Gesetz und es kommt nur darauf an, wie die Juden dieselben für ihre Lebensverhältnisse auslegen. So z. B. wird das Gebot: ‚Du sollst nicht stehlen' allgemein genommen, weil nicht dabei steht: ‚deines Mitjuden Gut.'

Ueber diese Dinge ist schon viel geschrieben worden und die Juden geben sich viele Mühe, sich herauszureden. Deshalb kann man gar nicht kurz die Sache darstellen, sondern muß dazu sehr ausführlich sein, da man auf diese Ausflüchte Rücksicht nehmen muß, z. B. pflegen sie die Sache auch so darzustellen, daß das alte vergangene Dinge seien, die man früheren finstern Zeiten überlassen müßte. Nun ist es ja richtig, daß es Juden gibt, welche die Grundsätze einer reinen Moral eingesogen haben. Aber wie solche Dinge in der Denkungsart der gewöhnlichen Juden sich gestalten müssen, kann man sich, auch wenn es die Erfahrung nicht lehrte, leicht denken."

In wie weit diese Ausführungen richtig sind oder nicht, wollen wir dahingestellt sein lassen. Es scheint uns überhaupt weniger auf die Gründe und Motive des Handelns, als auch Thatsachen anzukommen. Diese sprechen aber offenbar gegen einen sehr großen Theil der Juden. Woher mag wohl die bei uns so gebräuchliche Redensart kommen: „Der Mensch handelt wie ein Jude?" In der Regel pflegt man damit die Handlungsweise Jemandes zu bezeichnen, welcher einen andern übervortheilt. Es läßt sich nicht leugnen, daß das Uebervortheilen von Seiten der Juden gegenüber den Christen in allen Theilen des Reiches sehr häufig vorkommt. Eine Unzahl von Thatsachen könnten in der Beziehung angeführt werden, sind aber überall zur Genüge bekannt. Nur zweier Fälle, welche kürzlich in Schlesien vorgekommen sind, möchten wir erwähnen.

Ein jüdischer Händler befindet sich dort augenblicklich im Besitze von mehr als hundert Bauern- und Stellen-Besitzungen mit einer Gesammtfläche von ungefähr 3000 bis 4000 Morgen. Mehr als hundert Familien sind in Folge des bekannten Verfahrens durch einen wucherischen Händler ins Unglück gestürzt. Von einem schlesischen Pfarrer wurde mitgetheilt, daß fast der ganze Grundbesitz seiner Gemeinde in Händen jüdischer Händler sich befinde und daß benachbarte Gemeinden von demselben Schicksale bedroht würden. Ja, es soll überhaupt keine Seltenheit sein, wie vielfach behauptet wird, daß Bauern Juden gegenüber so verschuldet sind, daß sie nur noch für diese arbeiten müßten. Wahrlich eine schrecklichere Lage, als die der Sclaven des Alterthums! Diese arbeiteten im Dienste ihrer Herren, wurden von diesen aber auch erhalten. Unsere modernen Sclaven müssen sich plagen Tag für Tag und fristen ein kümmerliches Dasein, bis es dem Wucher eines Tages gefällt, die Schlinge um ihren Hals zu legen und ihnen den Garaus zu machen. Zur Entschuldigung sagen manche, die so häufig hervortretende unredliche Gesinnung vieler Juden sei durch die unterdrückte Lage, in der sie sich in Deutschland so lange befunden, hervorgerufen worden, während andere der Meinung sind, dieselbe liege im Nationalcharakter. Als Beleg für letztere Behauptung könnte vielleicht folgende Stelle in A. von Kremer's (jetziger österreichischer Handelsminister, der lange in Damascus war) „Mittelsyrien und Damascus," Wien 1853, Seite 163 dienen: „Der arabische Bauer, sagt A. v. Kremer, ist größtentheils sehr arm und ganz in den Händen der jüdischen Wechsler, die ihm gerade so viel vorstrecken, als er nöthig hat, um elend zu leben und sein Feld bebauen zu können. Auf diese Weise gehört sehr häufig schon der größte Theil der kommenden Ernte dem jüdischen Wechsler." Das ist doch keine Folge der Unterdrückung der deutschen Juden.

Wir haben vorstehend nur referirt. Wir wollen uns eines eigenen Urtheils über das Gesagte enthalten und es unseren Lesern überlassen, sich ein solches zu bilden. Als unumstößlich Thatsache kann und muß angesehen werden, daß viele Juden sowohl durch wucherische Händel, als auch besonders durch verwerflichen Mißbrauch der Presse und namentlich durch unbefugte Einmischung in christlich-religiöse Angelegenheiten das Judenthum in Misskredit gebracht haben. Ja man kann ohne Bedenken das Thun und Treiben **vieler** Juden als ein staatsgefährliches im wahren Sinne des Wortes bezeichnen. Oder wird nicht durch den Ruin so vieler Existenzen und die Beförderung der Entchristlichung unserer Gesellschaft der verderblichen Wirksamkeit der Socialdemokratie der Boden vorbereitet? Ein Theil der jüdischen Presse erlaubt sich tagtäglich die frivolsten Angriffe auf den christlichen Glauben, indem sie mit Missachtung aller edlen Gefühle das Heiligste, was des Christen Brust bewegen kann, in den Koth tritt. So sucht man systematisch dem Volks den Glauben zu rauben. Ein Mann aber ohne den Trost der Religion, ohne den glauben an eine ewige Gerechtigkeit, ohne die Hoffnung auf ein ewiges, übersinnliches Glück, durch wucherische Manipulationen endlich noch in's materielle Elend gestürzt, wird der Verzweiflung überantwortet und ein Schritt: er ist Verbrecher. –

Wir sagten, die Handlungsweise **vieler** Juden sei verwerflich, und nehmen selbstredend den bessern Theil des Judenthums ausdrücklich aus. Es gibt auch edle Israeliten. Diese hätten indessen alle Ursache, auf ihre Glaubensgenossen einzuwirken, daß dieselben von der das gute Bestehen der Gesellschaft gefährdenden Handlungsweise ablassen und sich ebenso, wie die übrigen Staatsbürger zu thun genöthigt sind, andere Nahrungszweige als ausschließlich den Handel suchen möchten. In dieser Beziehung muß es doch die ländliche Bevölkerung auf das Höchste zur Unzufriedenheit reizen, wenn sich dieselbe von Morgens früh bis Abends spät abplagen, buchstäblich im Schweiße ihres Angesichtes ihr Brod verdienen und, trotz aller Mühe und Arbeit ohne rechten Erfolg, dabei sehen muß, wie die vereinzelt zwischen ihnen lebenden Juden ohne eigentliche Arbeit in dem maße reicher, wie sie (die Bauern) ärmer werden. Es ist nicht zu verkennen, daß sich die Juden im Großen und Ganzen auf den Erwerb durch den Handel beschränken und sich sehr selten an produktiven Arbeiten, die körperliche Anstrengungen erfordern, betheiligen. Die Behauptung, daß man da, wo große körperliche Anstrengung nöthig ist, nur Christen und, wo es gilt, die Früchte der Anstrengung durch Spekulation einzuernten, meist Juden finde, scheint nicht ganz unrichtig. Die Juden haben sich gleichsam über das ganze Reich vertheilt und „sie säen nicht und ernte nicht und sammeln nicht in die Scheune", aber sie sammeln Schätze. Sie haben sich durch die von ihnen selbst gewählte Beschäftigung eine Ausnahmestellung geschaffen, welche den Haß und die Abneigung der christlichen Bevölkerung erregt. Im alten Testamente Exod. 3,22; 11,2; 12,35 wird erzählt, daß die Juden bei ihrem Auszuge von den Aegyptern eine große Anzahl Gefäße geschenkt erhielten. In manchen Orten erfreuen sich heutzutage die jüdischen Einwohner auch einer so großen Beliebtheit in Folge ihrer gemeinnützigen Thätigkeit, man wolle ihnen bei ihrem Abzuge die Reisekosten für eine größere Tour sehr gern vorstrecken. Es dürfte bei solcher Stimmung vor allen Dingen sich im Interesse der Juden selbst empfehlen, aber auch an ihnen selbst liegen, sich gleich der übrigen Bevölkerung an den anstrengenden produktiven Arbeiten zu betheiligen, Pflug und Hacke zur Hand zu nehmen, sich wie andere Leute tüchtig zu plagen und nicht von deren Schweiß zu leben. Dann wird die Verfolgungssucht aufhören und es wird und muß und freundliches Verhältniß zwischen Juden und Christen eintreten. Das wäre, was wir den Juden zu empfehlen hätten. Wie sollen sich aber diesen gegenüber die Christen verhalten? Man muß sich doch die Frage stellen, wo denn eigentlich die Ursache liegt, daß, wie behauptet wird, die Juden eine solche Macht gewonnen haben und daß sie, wie man sagt, so verderblich auf die übrige Gesellschaft einwirken. Man schimpft entweder gewaltig auf die Juden oder ergeht sich in erbärmlichen Klagen, ohne zu bedenken, daß nicht die Juden, sondern wir Christen selbst allein die Schuld an allem Uebel tragen.

Es ist gar nicht zu leugnen, daß wir von dem besseren Theil der Juden sehr viel lernen können. Vergleiche man nur die größeren Geld- und Waaren-Geschäfte, welche von christlichen und jüdischen Inhabern, und – wie wir annehmen wollen, – beide sehr solid und rechtlich geleitet werden. Ausnahmen außer Betracht gelassen, wird vielfach behauptet, daß die jüdischen Geschäfte kulanter seien, bessere Waaren lieferten und billigere Preise stellten, viel entgegenkommender und freundlicher im Verkehr mit ihren Kunden, als christliche Geschäftsleute seien. Dabei seien die ersteren sparsamer, vielfach regsamer und energischer in der Erstrebung eines Zieles, suchten die Zeit besser auszukaufen und erwürben auf diese Weise ganz selbstredend verhältnißmäßig rasch ein größeres Vermögen. Es wird sodann behauptet, daß die Juden solider, nüchterner und regelmäßiger lebten, als vielfach die Christen, daß man selten einen Trunkenbold unter ihnen finde. Der Direktor einer der ersten Lebensversicherungsbanken Deutschlands bemerkte kürzlich, er nähme am liebsten Juden in die Versicherung auf, denn er sei bei denselben am ersten gegen eine durch Ausschweifungen herbeigeführte Abkürzung des Lebens gesichert. – Was die gedachten Geschäfte betrifft, so ist mehrfach vorgeschlagen worden, man möge nicht mehr bei den Juden kaufen. Wir wollen ganz davon absehen, ob ein solcher Vorschlag gerechtfertigt sei, oder nicht; nennenswerthe Folgen wird er den Juden gegenüber nicht haben. Das Interesse wird einfach die Regelung bewirken. Mit denjenigen Bank- oder Waaren-Geschäften, welche am reellsten sind und am besten, billigsten und freundlichsten bedienen, wird am meisten verkehrt werden. Dagegen läßt sich nichts erinnern. Mögen die christlichen Geschäftsleute dem jüdischen Beispiele folgen, dann werden sie die Concurrenz mit denselben am besten überwinden und sich eine zahlreiche Kundschaft am leichtesten sichern.

Was nun den Theil der Juden betrifft, welche den Wucher betreiben, so ist es wahrhaft jämmerlich und eines so mächtigen Volkes, wie es das deutsche Volk ist und sein will, geradezu unwürdig, sich hierüber in Wehklagen zu ergehen und, wie es fast den Anschein hat, eine Judenhetze in Scene zu setzen. Man sagt, daß in Deutschland auf ungefähr 80 Christen ein Jude komme. Man sollte es kaum für möglich halten, daß eine so kleine Zahl von Juden, wie behauptet wird, und wie es der Augenschein lehrt, in mancherlei Beziehung die Herrschaft über ihre christlichen Mitbürger erlangt hat. Auf dem platten Lande, wie wir es hier in erster Linie zu thun haben, sind dafür ja Thatsachen genug vorhanden. Ganz abgesehen von Oberschlesien, wo die Juden eine große Herrschaft und einen großen Einfluß besitzen, soll auch in vielen anderen Gegenden Deutschlands diese Herrschaft von Tag zu Tag größer werden. Es soll an vielen Orten nicht mehr möglich sein, einen Viehhandel (der ergiebigste Anknüpfungspunkt für den Wucher) ohne einen Handelsjuden abzuschließen. Es ist mehrfach mitgetheilt worden, eine verhältnißmäßig kleine Anzahl von Juden beherrsche einen ganzen, von vielen Hundert Christen besuchten Viehmarkt, ja es sei ganz unmöglich, daß eine Bauer ein Stück Vieh an einen andern verkaufen könne, ohne daß ein Jude dazwischen komme und seinen „Schores" dabei mache. Es soll sogar in den meisten Fällen so weit gehen, daß, abgesehen von den Märkten, auch in den Dörfern ein Bauer nicht ohne Juden verkaufen könne. Diese betrachten die Viehställe gleichsam als ihre Domäne, welche sie immer unter ihrer Oberaufsicht halten, so daß beständig Kenntniß vorhanden ist, wo ein Stück Vieh fehlt oder verkäuflich ist. Zwischendurch werden dann Geschäfte mit Geld, Gütern, Verkaufsprotokollen gemacht, so daß die Juden allerdings, da sie sich im Besitze der nöthigen Geldmittel befinden, in vielen Gegenden die Herren aller dieser Verhältnisse sind und einen vollständigen Terrorismus über die ländliche Bevölkerung ausüben.

Wer trägt daran die Schuld? Keineswegs die Juden, welche ihren Vortheil, dessen Erlangung ihnen so leicht gemacht wird, nicht von der Hand weisen. Die Bevölkerung ist es, welcher allein die schuld beizumessen ist, daß Juden und Judengenossen unter ihr so verheerenden Einfluß ausüben. Die Bevölkerung hat in sich selbst die Kraft und die Mittel, diesem Unwesen auf das entschiedenste zu begegnen, dem Wucher den Boden zu entziehen, die Geld- und sonstigen Geschäfte selbst in die Hand zu nehmen und so die zwischen ihr lebenden Juden allmählich zu zwingen, ebenso wie sie den Pflug in die Hand zu nehmen und ebenso wie sie zu arbeiten; das, was Einzelnen nicht möglich ist, können vereinte Kräfte zu Stande bringen, welche sich in Darlehnskassenvereinen zu Schutz und Trutz gegen jüdische und christliche Wucherer verbinden. Seit 31 Jahren bestehen die Darlehnskassenvereine.

[*Anmerkung: Schriften über Darlehnskassenvereine:
1. *Raiffeisen, „Die Darlehnskassenvereine als Mittel zur Abhülfe der Noth der ländlichen Bevölkerung." Direkt von der Anwaltschaft bezogen: 2,50 M.*
2. *Kolb, „Winke und Rathschläge über Gründung und Leitung von Darlehnskassenvereinen." Würzburg bei Bucher. 1880. Preis 1 M.*
3. *Löll, „Des Landmann's Winterabende." 16, Bändchen, bei Ulmer in Stuttgart, - und „Bäuerliche Darlehnskassen nach Raiffeisen, und Gewerbliche Credit vereine nach Schulze-Delitzsch," bei Stuber in Würzburg. 0,80 M.]*

Durch unzählige Thatsachen haben sie den Beweis geliefert, daß das soeben angedeutete Ziel vollständig erreicht werden kann. Möge die ländliche Bevölkerung statt Jammern und Wehklagen sich der ihr innewohnenden Kraft bewußt werden, sich aufraffen, Darlehnskassenvereine in's Leben rufen und durch die Vereinigung der einzelnen Ortsvereine zu einem großen Verbande eine mächtige, deutsche, dauernde und feste Organisation schaffen. Dann wird nicht allein dem Wucher auf das Kräftigste begegnet, sondern es werden auch die Gesammtverhältnisse der Landbevölkerung gründlich gebessert werden. Darin liegt für die ländliche Bevölkerung die Lösung der Judenfrage.-"

Landwirthschaftliches Genossenschafts-Blatt, 3. Jg. 1881, Nr. 1, S. 2-4.

2a) „Die Juden in Spanien.

Es wurde kürzlich in den Zeitungen gemeldet, daß sich die Spanier ganz besonders der von anderen Völkern ausgestoßenen Juden annehmen wollten. Sich der Bedrängten annehmen, mögen sie Christen oder Juden sein, ist ein edles Beginnen. Möge es indessen den guten Spaniern in ihren Humanitätsbestrebungen mit den Juden nicht gehen, wie den Amerikanern mit den Spatzen – nämlich daß sie das ganze Haus Israel eines schönen Tages in's Pfefferland wünschen möchten, wenn's nur ginge. Aber leider zu spät! Ob die Vorsehung wieder so gnädig Spanien aus jüdischen Händen retten würde, wie einst an der Grenzscheide von Mittelalter und Neuzeit durch die gewaltsam durchgeführte Emigration der Juden aus Spanien, ist, besonders wenn die Gefahr leichtsinnig und muthwillig aufgesucht wird, mehr als fraglich. Daß in den damaligen Vorgängen die besonderen Wirkungen einer höheren Macht anerkannt werden müssen, wird jeder unbefangene Beobachter zugeben müssen. ‚Daß ein solcher Gewaltact, nämlich die Vertreibung der Juden in Spanien damals nöthig wurde,‘ sagt die allgemein conservative Monatsschrift, ‚ist im Interesse der Menschlichkeit zu beklagen, aber andererseits kann man sich nicht verhehlen, wie in diesem großen Ereigniß auch eine höhere Fügung sich kund tut. Nicht blos, indem hier die Juden die Vergeltung für jenen Verrath an den Westgothen traf, sondern vielmehr in Hinblick auf die Zukunft. Zwei Jahre nach Vertreibung der Juden haben die Spanier Amerika entdeckt. Denken wir uns die ungeheuerlichen Folgen, welche diese Entdeckung zur Zeit der Judenherrschaft in Spanien gehabt hätte. Durch die Entdeckung Amerikas wurde Spanien die erste europäische Weltmacht. Schon damals hatten die spanischen Juden sich zur ersten Geld- und Weltmacht erhoben, denn Spanien hatte damals schon seinen Rothschild gehabt an Don Diego de Suson, einem Juden, der die für jene Zeit ungeheure Summe von 8 Millionen zusammengebracht hatte. Das Gold Amerikas wäre alles in jüdische Hände geflossen, schon damals hätte sich eine goldene Internationale gebildet, aus deren Fesseln Europa sich nicht mehr hätte befreien können, Fesseln, welche stark genug gewesen wären, auch die höchste Geisteskultur, die christliche Idee, zu erdrosseln. Wir haben also allem Grund, die wundersame Fügung der Vorsehung zu ehren, welche die Ereignisse so lenkte, daß damals die Welt vor der Judenherrschaft bewahrt blieb.“

Landwirthschaftliches Genossenschafts-Blatt, 3. Jg. Nr. 8, S. 63.

2b) Valeriu Marcu: Die Vertreibung der Juden aus Spanien. Amsterdam 1934.

Burgos, irgendwann Mitte des 15. Jahrhunderts:

„Eine Meute Bewaffneter ist in das Ghetto eingedrungen. Sie hält Fackeln und Schwerter in den Händen. An der Spitze der Schar steht ein zerlumpter Mönch und hält mit beiden Armen ein Kruzifix empor. Laute Rufe: Tode den Juden, erwecken das Städtchen. Die Bedrohten sind wie auf einem sinkenden Schiff, keiner weiß wohin er fliehen soll. Nachdem die Räuber die ersten Türen erbrochen, die ersten Goldstücke gesehen und die ersten fremden Blutstropfen auf ihren Händen gespürt haben, geraten sie in Raserei. Sie schreiben als ob sie bedroht werden; sie bekommen tausend Augen und finden die geheimsten Verstecke; mit frischen Kräften werfen sie Männer und Frauen aus den Fenstern auf die Höfe und Straßen. Außerhalb des Ghettos verbreitet sich die Nachricht, daß in dem Judenviertel geräubert wird. Da bekommen die Mörder Hilfe über Hilfe. Männer aller Stände, Bürger, Matrosen, Sklaven, junge Mädchen und Matronen werden vom Raubgeruch angezogen. Die Braven eilen, als ob es ein Feuer zu löschen gelte. Alle Häuser sind ausgeraubt, sie stehen da wie zerbrochene Kisten. Auf den Straßen liegen Leichen, Verwundete schreien, Frauen werden wahnsinnig." (S. 23f.)

Das Ausweisungsdekret der spanischen Monarchen vom 31. März 1492:

„'In Unseren Königreichen gibt es nicht wenig Judaisierende... Wir haben dafür gesorgt, daß die Inquisition eingeführt werde ... Nach dem von der Inquisition Uns erstatteten Bericht unterliegt es keinem Zweifel, daß der Verkehr der Christen mit den Juden den allergrößten Schaden stiftet ... Dies hatte die Unterwühlung und Erniedrigung des katholischen Glaubens zur unausweichlichen Folge ... Wir haben daher den Entschluss gefaßt, alle Juden beiderlei Geschlechts für immer aus den Grenzen Unseres Reiches zu weisen.'

[...] Das Ausweisungsdekret war eine radikale Enteignungsmaßnahme. [...] Jedermann wußte, daß binnen drei Monaten der gesamte jüdische Besitz liquidiert sein mußte. [...] Der Auszug beginnt. Die Straßen nach der Küste sind das Bett dieses Stromes. Die meisten ziehn zu Fuß. [...] An der Grenze angelangt, waren die Juden erst am Anfang ihrer Odyssee. Überfüllt fuhren die Judenschiffe ab [...] Viele Schiffe wurden von gefährlichen Feinden geführt: die Matrosen vermuteten Schätze und plünderten, mordeten die Passagiere; fanden sie aber kein Gold, dann verkauften sie sie an Piraten. Andere Schiffe irrten zwischen Küsten und konnten keinen Hafen finden, der sie anlegen ließe; unterdeß gingen die Menschen, den Wellen preisgegeben, zugrunde: Frauen starben, ihre Kinder auf dem Arm, Männer warfen sich vor Hunger in die Fluten, verendeten aus Kälte oder Durst. [...] Die Nachrichten über ihr Elend, die Bilder ihrer Irrfahrten eröffneten ihnen sogar zum ersten Mal eine schmale Straße des Mitleids und der Sympathie im ganzen nichtspanischen Europa. ... Die Masse der Juden aber fährt nach dem neuen Reich der Kalifen. Die Türkei öffnet ihnen weit die Tore" S. 175ff.

3. „Protokoll des Vereinstages ländlicher Genossenschaften.

[...] Anwalt Raiffeisen führt in längerer Rede aus, daß gegenwärtig fast überall der Viehhandel in den Händen jüdischer Viehhändler liege, welche meist die Bevölkerung ausbeuteten und in vielen Fällen dadurch den Ruin der Landwirthe herbeiführten. Bekanntlich sei dies im wesentlichen die Ursache der Gründung des ersten Darlehnskassen-Vereins im Jahre 1849 gewesen. Die Juden beherrschten auch den Geldmarkt. Sie hätten im Jahre 1860 zu Paris eine große internationale Vereinigung gebildet unter der Firma ‚Alliance israélite universelle.‘ Der Vorsitzende der betreffenden Versammlung, Crémieux, habe damals erklärt: ‚Ein neues messianisches Reich, ein neues Jerusalem muß erstehen an Stelle der Kaiser und Päpste.‘ Bei Gelegenheit einer Allianceversammlung im Jahre 1865 habe derselbe Vorsitzende schon gesagt: ‚Wir gehen mit großen Schritten vorwärts. Die Alliance wird eine wahrhafte Macht. Wenn der Jude sich erhebt, erhebt er sich tüchtig.‘ *[*Anmerkung: Witmanns, Die ‚goldene‘ Internationale etc.]* Aus alledem gehe hervor, daß die Juden immer mehr Einfluß im großen, wie auch bis in die kleinsten Ortschaften hinein gewännen und daß sie eine immer mehr verderblich wirkende Macht bildeten. Es liege ihm (Redner) und gewiß auch allen anwesenden Vereinsgenossen nichts ferner, als eine gehässige Agitation gegen die Juden herbeizuführen, umsoweniger, als darunter sich auch solche befänden, welche keineswegs in der angedeuteten Weise wirkten und welche theilweise bezüglich ihres ganzen Verhaltens sogar Christen als Vorbild dienen könnten. Wenn man das Christentum, welches lehre: ‚Liebet eure Feinde!‘ – betone, so sei eine solche Agitation verwerflich. Man solle also die Juden sehr liebreich behandeln und ihnen sagen, man bedürfe ihrer nicht mehr zu dem Vieh- u. s. w. Handel, den wolle und könne man selbst besorgen; man wolle ihnen durchaus nichts in den Weg legen, sich nach Jerusalem zu begeben und ein neues messianisches Reich zu begründen.“

Landwirthschaftliches Genossenschaftsblatt, 7. Jg. 1885, Br. 6 S. 59.

Anhang II

Literatur

An unsere Genossenschaften (1926). In: Landwirtschaftliches Genossenschaftsblatt Nr. 4.

Anwaltschaftsordnung (1879): Anwaltschaftsordnung für die ländlichen Genossenschaften. In: Landwirthschaftliches Genossenschafts-Blatt. 1. Jg.

Aretin, Christoph Freiherr von (1823): Ausführliche Darstellung der baierischen Kredit-Vereins-Anstalt und ihrer Bedingnisse sowohl für die Gutsbesitzer als auch für die Kapitalisten. München.

Bauer, Kurt (2008): Nationalsozialismus. Ursprünge, Anfänge, Aufstieg und Fall. Köln – Weimar .

Berliner Volksbank (2015): Geschäftsbericht 2015. Berlin.

Bismarck, Otto von (1889): Fürst Bismarck als Redner. Vollständige Sammlung der parlamentarischen Reden Bismarcks seit dem Jahre 1847. 11. Bd. Die Reichstagssessionen von 1880 bis 1881. Stuttgart.

Blesius, Nikolaus (1929): Zur Entstehungsgeschichte des neuzeitlichen ländlichen Genossenschaftswesens. Berlin.

Bludau, Kuno (1968): Nationalsozialismus und Genossenschaften. Hannover.

Bode, C. (1896): Die Verhandlungen des 28. Kongresses für innere Mission in Posen über die Genossenschaftsfrage. Eine Erweiterung und Beurtheilung des amtlichen Protokolls. Offenbach am Main.

BMF (2017): http://www.bundesfinanzministerium.deWeb/DE/Themen/Oeffentliche_Finanzen/Bundeshaushalt_2017/Bundeshaushalt_2017.html, am 20.11 2017 aufgerufen.

Bracher, Karl Dietrich (1962): Stufen der Machtergreifung. In: Karl Dietrich Bracher, Wolfgang Sauer, Gerhard Schulz: Die nationalsozialistische Machtergreifung. Studien zur Errichtung des totalitären Herrschaftssystems in Deutschland 1933/34. Zweite, durchgesehene Aufl. Köln u. Opladen.

Braun, Magnus Freiherr von (1930a): Ausführungen des Generaldirektors Frhr. von Braun in der Nachmittagssitzung des Untersuchungsausschusses beim Preußischen Landtag am 4. Dezember 1929. In: Generalverband der deutschen Raiffeisen-Genossenschaften e. V. in Berlin (Hrsg.): Beiträge zur Vorgeschichte der Einigung des landwirtschaftlichen Genossenschafts-wesens. Neuwied.

Braun, Magnus Freiherr von (1930b): Ansprache des Generaldirektors der deutschen Raiffeisen-Organisation Herrn Regierungspräsidenten z. D. Frhr. von Braun auf dem Generalverbandstag der deutschen Raiffeisen-Genossen-schaften am 12. Februar 1930. In: Generalverband der deutschen Raiffeisen-Genossenschaften e. V. in Berlin (Hrsg.): Beiträge zur Vorgeschichte der Einigung des landwirtschaftlichen Genossenschaftswesens. Neuwied.

Braun, Magnus Freiherr von (1955): Von Ostpreußen bis Texas. Stollhamm (Oldb.).

Bundesbank 2017: https://www.bundesbank.de/Redaktion/DE/Standardartikel/Statistiken/ kaufkraftvergleiche_historischer_geldbeträge.html, Link: Kaufkraftäquivalente historischer Beträge in deutschen Währungen. Abgerufen am 13. Dezember 2017.

Faßbender, Martin (1902): F. W. Raiffeisen in seinem Leben, Denken und Wirken im Zusammenhange mit der Gesamtentwicklung des neuzeitlichen Genossenschaftswesens in Deutschland. Berlin.

Faust, Helmut (1965): Geschichte der Genossenschaftsbewegung. Ursprung und Weg der Genossenschaften im deutschen Sprachraum. Frankfurt am Main.

Faust, Helmut (1977): Geschichte der Genossenschaftsbewegung. Ursprung und Aufbruch der Genossenschaftsbewegung in England, Frankreich und Deutschland sowie ihre weitere Entwicklung im deutschen Sprachraum. 3., überarb. u. stark erweit. Aufl. Frankfurt am Main.

Frank, Claudia (1988): Der „Reichsnährstand" und seine Ursprünge. Struktur, Funktion und ideologische Konzepte. Hamburg [Dissertation 1987].

Fünfzig Jahre (1927): Fünfzig Jahre Raiffeisen 1877 1927. Neuwied.

Gall, Lothar (1980): Bismarck. Der weiße Revolutionär. Frankfurt am Main – Berlin – Wien.

Generalverband 1925: Generalverband der deutschen Raiffeisen-Genossenschaften e. V. (Hrsg.): Die Raiffeisen-Organisation. Neuwied.

Generalverband 1927: Jahresbericht des Generalverbandes der deutschen Raiffeisen-Genossenschaften e. V. für 1926. Berlin.

Gennes, Otto (1928): Reichsverband der deutschen landwirtschaftlichen Genossenschaften e. V. In: V. Totomianz (Hrsg.): Internationales Handwörterbuch des Genossenschaftswesens. Berlin.

Gorges, Irmela (1980): Sozialforschung in Deutschland 1872 – 1914. Gesellschaftliche Einflüsse auf Themen- und Methodenwahl des Vereins für Socialpolitik. Königstein Ts.

Haaf, Hermann-Josef ten (2011): Kreditgenossenschaften im „Dritten Reich". Ostfildern.

Haupttagungen (1926): Haupttagungen der Raiffeisen-Organisation in Hamburg. In: Landwirtschaftliches Genossenschaftsblatt Nr. 20.

Henning, Friedrich-Wilhelm (1978): Landwirtschaft und ländliche Gesellschaft in Deutschland. Bd. 2 1750 – 1976. Paderborn.

Hitler, Adolf (2016): Mein Kampf. Eine kritische Edition. Hrsg. v. Christian Hartmann u. a. München Berlin.

Hüttl, Ludwig (1988): Friedrich Wilhelm Raiffeisen. Leben und Werk. München.

Jäger, Eugen (1882): Die Agrarfrage der Gegenwart. Berlin.

Jochmann, Werner (1988): Gesellschaftskrise und Judenfeindschaft in Deutschland 1870 – 1945. Hamburg.

Kaltenborn, Wilhelm (2012): Schulze-Delitzsch und die soziale Frage. In: Vision und Wirklichkeit. Beiträge zur Idee und Geschichte von Genossenschaften. Berlin.

Kaltenborn, Wilhelm (2016): Illusion und Wirklichkeit. Die Genossenschaftsidee: Fortwährender Begleiter der menschlichen Geschichte. Norderstedt.

Klein, Michael (1999): Bankier der Barmherzigkeit. Friedrich Wilhelm Raiffeisen. Neukirchen-Vluyn.

Koch, Walter (1986): Vorwort. In: Friedrich Wilhelm Raiffeisen: Briefe 1875 – 1883. Wien.

Könnemann/Schulze (2002): E. Könnemann und G. Schulze (Hrsg.): Der Kapp-Lüttwitz-Ludendorff-Putsch. Dokumente. München.

Kraus, Theodor (1877): Die Raiffeisen'schen Darlehnskassenvereine in der Rheinprovinz. II. Heft. Bonn.

Krebs, Willy (1918): Aus dem Leben Friedrich Wilhelm Raiffeisens. Eine Festgabe zum 100. Geburtstag Raiffeisens. Berlin.

Krebs, Willy (1928a): Preußische Zentralgenossenschaftskasse. In: V. Totomianz (Hrsg.): Internationales Handwörterbuch des Genossenschaftswesens. Berlin.

Krebs, Willy (1928b): Generalverband der deutschen Raiffeisengenossenschaften e. V., Berlin. In: V. Totomianz (Hrsg.): Internationales Handwörterbuch des Genossenschaftswesens. Berlin.

Krebs, Willy (1943): Fr. W. Raiffeisen. Ein Kapitel bäuerlicher Selbsthilfe. Leipzig-Berlin.

Krebs, Willy (1949): Fr. W. Raiffeisen. Ein Kapitel bäuerlicher Selbsthilfe. Neu hrsg. von Deutscher Raiffeisenverband e. V. Bonn, bearb. v. Huguenin. Neuwied.

Krebs, Willy (1955): Fr. W. Raiffeisen. Ein Kapitel bäuerlicher Selbsthilfe. 3. Aufl. bearb. v. Huguenin. Neuwied.

Löll, Louis (1878): Die bäuerlichen Darlehnskassen-Vereine nach Raiffeisen und die gewerblichen Kreditvereine nach Schulze-Delitzsch. Ein unparteiisches Wort zur Verständigung. Würzburg.

Mann, Golo (1979): Deutsche Geschichte des 19. und 20. Jahrhunderts. Frankfurt am Main.

Marcu, Valeriu (1934): Die Vertreibung der Juden aus Spanien. Amsterdam.

Maier, Hans: Festvortrag. In: Deutscher Genossenschafts- und Raiffeisenverband e. V. (Hrsg.): Friedrich Wilhelm Raiffeisen 1818 – 1888. Bonn. (1988)

Meyenschein, Adam (1902): Raiffeisens Leben. Vortrag gehalten auf dem Rechnerkursus zu Kassel am 26. November 1902. Neuwied.

Meyers Lexikon (1908): Meyers Großes Konversations-Lexikon, Bd. 12. Leipzig.

Mommsen, Hans (2004): Aufstieg und Untergang der Republik von Weimar 1918 – 1933. 2. Aufl. Berlin.

Müller, Friedrich (1901): Die geschichtliche Entwicklung des landwirtschaftlichen Genossenschaftswesens in Deutschland von 1848/49 bis zur Gegenwart. Leipzig.

Münkel, Daniela (1996): Nationalsozialistische Agrarpolitik und Bauernalltag. Frankfurt/New York.

Neumann, C. (1903): Das deutsche Landwirtschaftliche Genossenschaftswesen. Leitfaden für den Unterricht in mittleren und niederen landwirtschaftlichen Lehranstalten, sowie für den Selbstunterricht. Hrsg. v. Allgemeinen Verband der deutschen landw. Genossenschaften. Stuttgart.

Nipperdey, Thomas (1991a): Deutsche Geschichte 1800 – 1866. Bürgerwelt und starker Staat. 5., durchgesehene Aufl. München.

Nipperdey, Thomas (1991b): Deutsche Geschichte 1866 – 1918. Erster Band: Arbeitswelt und Bürgerwelt. 2. Aufl. München.

Pohl, Hans (1982): Von der Hülfskasse von 1832 zur Landesbank. Düsseldorf.

Prinz, Arthur (1984): Juden im Deutschen Wirtschaftsleben. Soziale und wirtschaftliche Struktur im Wandel 1850 – 1914. Bearbeitet und hrsg. von Avraham Barkai. Tübingen.

Protokoll (1888): Protokoll des Vereinstages ländlicher Genossenschaften. In: Landwirthschaftliches Genossenschaftsblatt. 10. Jg.

Raiffeisen, Friedrich Wilhelm (1866): Die Darlehnskassen-Vereine als Mittel zur Abhilfe der Noth der ländlichen Bevölkerung, sowie auch der städtischen Handwerker und Arbeiter. Praktische Anleitung zur Bildung solcher Vereine, gestützt auf sechszehnjährige Erfahrung, als Gründer derselben. Neuwied.

Raiffeisen, Friedrich Wilhelm (1872): Die Darlehnskassen-Vereine, in Verbindung mit Consum-, Verkaufs-, Gaut- etc. Genossenschaften, als Mittel zur Abhilfe der Noth der ländlichen Bevölkerung, sowie auch der städtischen Arbeiter. Zweite, verm. u. verbess. Auflage Neuwied.

Raiffeisen, Friedrich Wilhelm (1879a): Die landwirthschaftlichen Hauptvereine. In: Landwirthschaftliches Genossenschafts-Blatt. 1. Jg.

Raiffeisen, Friedrich Wilhelm (1879b): Die Aufgabe der Darlehnskassen-Vereine. In: Landwirthschaftliches Genossenschafts-Blatt 1. Jg.

Raiffeisen, Friedrich Wilhelm (1879c): Der Vereinstag ländlicher Genossenschaften. In: Landwirthschaftliches Genossenschafts-Blatt. 1. Jg.

Raiffeisen, Friedrich Wilhelm (1879d): Die Socialdemokratie. In: Landwirthschaftliches Genossenschafts-Blatt. 1. Jg.

Raiffeisen, Friedrich Wilhelm (1879e): Unsere Lage. In: Landwirthschaftliches Genossenschafts-Blatt. 1. Jg.

Raiffeisen, Friedrich Wilhelm (1880): Protokoll des Vereinstages ländlicher Genossenschaften vom 14. Juni 1880. In: Landwirthschaftliches Genossenschafts-Blatt. 2. Jg.

Raiffeisen, Friedrich Wilhelm (1881a): Vereinstag ländlicher Genossenschaften pro 1881. In: Landwirthschaftliches Genossenschafts-Blatt. 3. Jg.

Raiffeisen, Friedrich Wilhelm (1881b): Zum Genossenschaftswesen. In: Landwirthschaftliches Genossenschafts-Blatt. 3. Jg.

Raiffeisen, Friedrich Wilhelm (1881c): Die Judenfrage. In: Landwirthschaftliches Genossenschafts-Blatt. 3. Jg.

Raiffeisen, Friedrich Wilhelm (1881d): Die Juden in Spanien. In: Landwirthschaftliches Genossenschafts-Blatt. 3. Jg.

Raiffeisen, Friedrich Wilhelm (1882a): Protokoll des Vereinstages ländlicher Genossenschaften pro 1882. In: Landwirthschaftliches Genossenschafts-Blatt. 4. Jg.

Raiffeisen, Friedrich Wilhelm (1882b): Protokoll der Generalversammlung der Landwirthschaftlichen Central-Darlehnskasse. In: Landwirthschaftliches Genossenschafts-Blatt. 4. Jg.

Raiffeisen, Friedrich Wilhelm (1883a): Sitzungsprotokoll des Vereinstages ländlicher Genossenschaften. In: Landwirthschaftliches Genossenschaftsblatt. 5. Jg.

Raiffeisen, Friedrich Wilhelm (1883b): Die Darlehnskassen-Vereine in Verbindung mit Consum-, Verkaufs-, Winzer-, Molkerei-, Viehversicherungs- etc. Genossenschaften als Mittel zur Abhilfe der Noth der ländlichen Bevölkerung. Praktische Anleitung zur Gründung und Leitung solcher Genossenschaften. 4., theilw. umgearb. u. verbess. Aufl. Neuwied.

Raiffeisen, Friedrich Wilhelm (1885): Protokoll des Vereinstages ländlicher Genossenschaften. In: Landwirthschaftliches Genossenschaftsblatt. 7. Jg.

Raiffeisen, Friedrich Wilhelm (1887): Die Darlehnskassen-Vereine in Verbindung mit Consum-, Verkaufs-, Winzer-, Molkerei-, Viehversicherungs- etc. Genossenschaften sowie den dazu gehörigen Instruktionen als Mittel zur Abhilfe der Noth der ländlichen Bevölkerung. 5., theilw. umgearb. u. verbess. Aufl. Neuwied.

Raiffeisen, Friedrich Wilhelm (1887/1923): Die Darlehnskassen-Vereine. 6. Aufl., unveränd. Abdruck der 5. Aufl. v. 1887. Neuwied.

Raiffeisen, Friedrich Wilhelm (1888): Die Darlehnskassen-Vereine. Vortrag über deren Einrichtung Zweck gehalten in einer Versammlung des Düsseldorf-Neußer Unterverbandes. Als Flugblatt herausgegeben. 6. Aufl. Neuwied.

Raiffeisen, Friedrich Wilhelm (1922): Raiffeisen-Worte. Auszüge aus den Schriften, Reden und Briefen F. W. Raiffeisens. 2. Aufl. Neuwied.

Raiffeisen, Friedrich Wilhelm (1986): Briefe 1875 – 1883. bearbeitet von Walter Koch. Wien 1986.

Raiffeisenbank (1925): Geschäftsbericht des Vorstandes der Deutschen Raiffeisenbank A.-G. in Berlin für die Zeit vom 1. Januar bis 31. Dezember 1925. Berlin.

Raiffeisenbank (1929): Geschäftsbericht des Vorstandes der Deutschen Raiffeisenbank A.-G. in Berlin für die Zeit vom 1. Januar bis 31. Dezember 1929. Berlin.

Raiffeisenbank (1931): Geschäftsbericht des Vorstandes der Deutschen Raiffeisenbank A.-G. in Berlin für die Zeit vom 1. Januar bis 31. Dezember 1931. Berlin.

Raiffeiseninstitute (1926): Die Gesellschafterversammlungen der Raiffeiseninstitute sowie Generalversammlung der Deutschen Raiffeisenbank. 2. Die Generalversammlung der Deutschen Raiffeisenbank A.-G. In: Landwirtschaftliches Genossenschaftsblatt Nr. 20.

Raiffeisen-Männer (1926): Raiffeisen-Männer. Auf zu neuer Arbeit! In: Landwirtschaftliches Genossenschaftsblatt Nr. 17.

Reichsverband (1930): Jahrbuch des Reichsverbandes der Deutschen Landwirtschaftlichen Genossenschaften – Raiffeisen. 1. Jg.

Reichsverband (1933a): Die nationale Erhebung und die landwirtschaftlichen Genossenschaften. In: Deutsches Landwirtschaftliches Genossenschaftsblatt, Nr. 7.

Reichsverband (1933b): Neues Präsidium In: Deutsches Landwirtschaftliches Genossenschaftsblatt. Nr. 8.

Reichsverband (1933c): Die landwirtschaftlichen Genossenschaften im neuen Reich. Nr. 8.

Richter, Heinrich (1966): Friedrich Wilhelm Raiffeisen und die Entwicklung seiner Genossenschaftsidee. Erlangen-Nürnberg.

Rürup, Reinhard (1976): Emanzipation und Krise – Zur Geschichte der „Judenfrage" in Deutschland vor 1890. In: Werner E. Mosse (Hrsg.): Juden im wilhelminischen Deutschland. Ein Sammelband. Tübingen.

Ryß, A. (1831): Ueber Vieh-Assekuranz-Kredit-Anstalt. Würzburg.

Schäfer, Albert (2009): Der „Flammersfelder Hülfsverein zur Unterstützung unbemittelter Landwirthe". o.O., als Ms. gedruckt.

Schäfer, Albert (2010): Friedrich Wilhelm Raiffeisen der Volkserzieher. Hachenburg.

Schick, Andreas (1895): Die Darlehnskassen-Vereine in ihrer wirthschaftlichen, socialen und sittlichen Bedeutung. Vortrag, gehalten auf dem Vereinstage ländlicher Genossenschaften zu Cassel. Neuwied am Rhein.

Schnapper-Arndt, Gottlieb (1888): Zur Methodologie socialer Enquêten. Mit besonderem Hinblick auf die neuerlichen Erhebungen über den Wucher auf dem Lande. Erweiterte Bearbeitung eines in den Berichten des Freien Deutschen Hochstiftes abgedruckten Vortrages. In: Berichte des freien Deutschen Hochstiftes. September 1888. Frankfurt am Main.

Schneider, Andrea H. (2014): Die Umschuldung der Landwirtschaft und die Gründung der Deutschen Rentenbank-Kreditanstalt. In: Christiane Gothe (Hrsg.): An der Seite der Bauern. Die Geschichte der Rentenbank. Berlin – Zürich.

Schneider, Karlheinz (2005): Judentum und Modernisierung. Ein deutsch-amerikanischer Vergleich. Frankfurt – New York.

Schreiber (1928): Mühlen- und Müllergenossenschaften. In: V. Totomianz (Hrsg.): Internationales Handwörterbuch des Genossenschaftswesens. Berlin.

Schulze-Delitzsch, Hermann (1875): Die Raiffeisen'schen Darlehnskassen in der Rheinprovinz und die Grundcreditfrage für den ländlichen Kleinbesitz. Leipzig.

Schumacher, Martin (1978): Land und Politik. Eine Untersuchung über politische Parteien und agrarische Interessen 1914 1923. Düsseldorf.

Schürmann, A. (1938): Die Entwicklung der Raiffeisenbewegung in Deutschland (1846 – 1933). In: Stiftungsgemeinschaft des Reichsverbandes der deutschen landwirtschaftlichen Genossenschaften – Raiffeisen – e. V. (Hrsg.): F. W. Raiffeisen zum Gedächtnis. Neuwied am Rhein.

Seelmann-Eggebert, Erich Lothar (1928): Friedrich Wilhelm Raiffeisen- Sein Lebensgang und sein genossenschaftliches Werk. Stuttgart.

Sombart, Werner (1987): Der moderne Kapitalismus. Historisch-systematische Darstellung des gesamteuropäischen Wirtschaftslebens von seinen Anfängen bis zur Gegenwart. Dritter Band: Das Wirtschaftsleben im Zeitalter des Hochkapitalismus. Zweiter Halbband: Der Hergang der hochkapitalistischen Wirtschaft. Die Gesamtwirtschaft. München.

St. Jb.(1928): Statistisches Reichsamt (Hrsg.): Statistisches Jahrbuch für das Deutsche Reich, 47. Jg. 1928, Berlin.

St. Jb (1930): Statistisches Reichsamt (Hrsg.): Statistisches Jahrbuch für das Deutsche Reich, 48. Jg. 1929, Berlin.

St. Jb (1931): Statistisches Reichsamt (Hrsg.): Statistisches Jahrbuch für das Deutsche Reich, 49. Jg. 1930, Berlin.

St. Jb (1932): Statistisches Reichsamt (Hrsg.): Statistisches Jahrbuch für das Deutsche Reich, 51. Jg. 1931, Berlin.

St. Jb (1933): Statistisches Reichsamt (Hrsg.): Statistisches Jahrbuch für das Deutsche Reich, 52. Jg. 1932, Berlin.

Statuten (1872): Statut der Rheinischen landwirthschaftlichen Genossenschafts-Bank. In: Raiffeisen (1872).

Trumpf, Arnold W. (1938): Raiffeisen in der Welt. In: F. W. Raiffeisen zum Gedächtnis. Wissenschaftl. Bearbeiter: Reinhold Henzler. Neuwied

Ullrich, Volker (2007): Die nervöse Großmacht. Aufstieg und Untergang des deutschen Kaiserreichs 1871 – 1918. Mit einem aktuellen Nachwort: Neue Forschungen zum Kaiserreich. Frankfurt am Main.

Verein für Socialpolitik (1886), Ständiger Ausschuß (Hrsg.): Verhandlungen der am 24. und 25. September 1886 in Frankfurt a. M. abgehaltenen Generalversammlung des Vereins dür Socialpolitik über die Wohnungsverhältnisse der ärmeren Klassen in deutschen Großstädten und über innere Kolonisation mit Rücksicht auf Erhaltung und Vermehrung des mittleren und kleineren ländlichen Grundbesitzes. Leipzig.

Verein für Socialpolitik (1887)(Hrsg.): Der Wucher auf dem Lande. Leipzig.

Vereinigter Preuß. Landtag (1847): Vollständige Verhandlungen des Ersten Vereinigten Preußischen Landtages über die Emancipatiosfrage der Juden. Berlin

Weber, Max (1993): Empfiehlt sich die Einführung eines Heimstättenrechtes, insbesondere zum Schutz des kleinen Grundbesitzes gegen Zwangsvollstreckung? In: Gesamtausgabe. Abteilung I: Schriften und Reden. Bd. 4, 2. Halbbd. Tübingen.

Weber, Max (1998): Die Kredit- und Agrarpolitik der preußischen Landschaften. Gesamtausgabe Abt. I Schriften und Reden, Bd. 8. Tübingen.

Weber-Kellermann, Ingeborg (1987): Landleben im 19. Jahrhundert. München.

Wehler, Hans-Ulrich (1987): Deutsche Gesellschaftsgeschichte. Zweiter Bd. Von der Reformära bis zur industriellen und politischen „Deutschen Doppelrevolution" 1815 – 1845/49. München.

Wehler, Hans-Ulrich (1995): Deutsche Gesellschaftsgeschichte. Dritter Bd. Von der „Deutschen Doppelrevolution" bis zum Beginn des Ersten Weltkrieges 1849 – 1914. München.

Wehler, Hans-Ulrich (2003): Deutsche Gesellschaftsgeschichte. Vierter Bd. Vom Beginn des Ersten Weltkrieges bis zur Gründung der beiden deutschen Staaten 1914 – 1949. Frankfurt am Main.

Winkler, Heinrich August (1994): Weimar 1918 – 1933. Die Geschichte der ersten deutschen Demokratie. Frankfurt am Main und Wien (Druck 1994).

Wolf, Erik (1963): Große Rechtsdenker der deutschen Geistesgeschichte. 4., durchgearb. u. ergänzte Aufl. Tübingen.

Wolters, Bernhard (2008): Entstehung und Entwicklung ländlicher Kapitalmärkte in Deutschland im 19. Jahrhundert. [Diplomarbeit], Wirtschafts- und Sozialwissenschaftliche Fakultät der Universität zu Köln. Köln.

Wuttig, Adolf (1907): Friedrich Wilhelm Raiffeisen und die nach ihm benannten ländlichen Darlehnskassen-Vereine. Ein Mahn- und Weckruf an alle, die unser Volk lieb haben. Fünfte, bedeutend verm. u. verbess. Aufl. Neuwied.

Zeidler, Hugo (1893): Geschichte des deutschen Genossenschaftswesens der Neuzeit. Leipzig.

Zinke, Jens (1999): Die Entwicklung der landwirtschaftlichen Genossenschaften in der Weimarer Republik unter besonderer Berücksichtigung der Änderungen des Genossenschaftsgesetzes. (Berliner Beiträge zum Genossenschaftswesen Berlin Cooperative Papers 48). Berlin.

Zumbini, Massimo Ferrari (2003): Die Wurzeln des Bösen. Gründerjahre des Antisemitismus. Von der Bismarckzeit zu Hitler. Frankfurt am Main.

Zuns, Julius (1888): Der „Wucher auf dem Lande". Eine Kritik des Fragebogens der vom Verein für Socialpolitik veröffentlichen Wucherenquete. Frankfurt am Main.